Vorwort

The Next Level – aus dem Kompendium der Mediengestaltung wird die Bibliothek der Mediengestaltung.

Im Jahr 2000 ist das „Kompendium der Mediengestaltung“ in der ersten Auflage erschienen. Im Laufe der Jahre stieg die Seitenzahl von anfänglich 900 auf 2700 Seiten an, so dass aus dem zunächst einbändigen Werk in der 6. Auflage vier Bände wurden. Diese Aufteilung wurde von Ihnen, liebe Leserinnen und Leser, sehr begrüßt, denn schmale Bände bieten eine Reihe von Vorteilen. Sie sind erstens leicht und kompakt und können damit viel besser in der Schule oder Hochschule eingesetzt werden. Zweitens wird durch die Aufteilung auf mehrere Bände die Aktualisierung eines Themas wesentlich einfacher, weil nicht immer das Gesamtwerk überarbeitet werden muss. Auf Veränderungen in der Medienbranche können wir somit schneller und flexibler reagieren. Und drittens lassen sich die schmalen Bände günstiger produzieren, so dass alle, die das Gesamtwerk nicht benötigen, auch einzelne Themenbände erwerben können. Deshalb haben wir das Kompendium modularisiert und in eine Bibliothek der Mediengestaltung mit 26 Bänden aufgeteilt. So entstehen schlanke Bände, die direkt im Unterricht eingesetzt oder zum Selbststudium genutzt werden können.

Bei der Auswahl und Aufteilung der Themen haben wir uns – wie beim Kompendium auch – an den Rahmenplänen, Studienordnungen und Prüfungsanforderungen der Ausbildungs- und Studiengänge der Mediengestaltung orientiert. Eine Übersicht über die 26 Bände der Bibliothek der Mediengestaltung finden Sie auf der rechten Seite. Wie Sie sehen, ist jedem Band eine Leitfarbe zugeordnet, so dass Sie bereits am Umschlag erkennen, welchen Band Sie in der Hand halten. Die Bibliothek der Mediengestaltung richtet sich an alle, die eine Ausbildung oder ein Studium im Bereich der Digital- und Printmedien absolvieren oder die bereits in dieser Branche tätig sind und sich fortbilden möchten. Weiterhin richtet sich die Bibliothek der Mediengestaltung auch an alle, die sich in ihrer Freizeit mit der professionellen Gestaltung und Produktion digitaler oder gedruckter Medien beschäftigen. Zur Vertiefung oder Prüfungsvorbereitung enthält jeder Band zahlreiche Übungsaufgaben mit ausführlichen Lösungen. Zur gezielten Suche finden Sie im Anhang ein Stichwortverzeichnis.

Ein herzliches Dankeschön geht an Herrn Engesser und sein Team des Verlags Springer Vieweg für die Unterstützung und Begleitung dieses großen Projekts. Wir bedanken uns bei unserem Kollegen Joachim Böhringer, der nun im wohlverdienten Ruhestand ist, für die vielen Jahre der tollen Zusammenarbeit. Ein großes Dankeschön gebührt aber auch Ihnen, unseren Leserinnen und Lesern, die uns in den vergangenen fünfzehn Jahren immer wieder auf Fehler hingewiesen und Tipps zur weiteren Verbesserung des Kompendiums gegeben haben.

Wir sind uns sicher, dass die Bibliothek der Mediengestaltung eine zeitgemäße Fortsetzung des Kompendiums darstellt. Ihnen, unseren Leserinnen und Lesern, wünschen wir ein gutes Gelingen Ihrer Ausbildung, Ihrer Weiterbildung oder Ihres Studiums der Mediengestaltung und nicht zuletzt viel Spaß bei der Lektüre.

Heidelberg, im Frühjahr 2019
Peter Bühler
Patrick Schlaich
Dominik Sinner

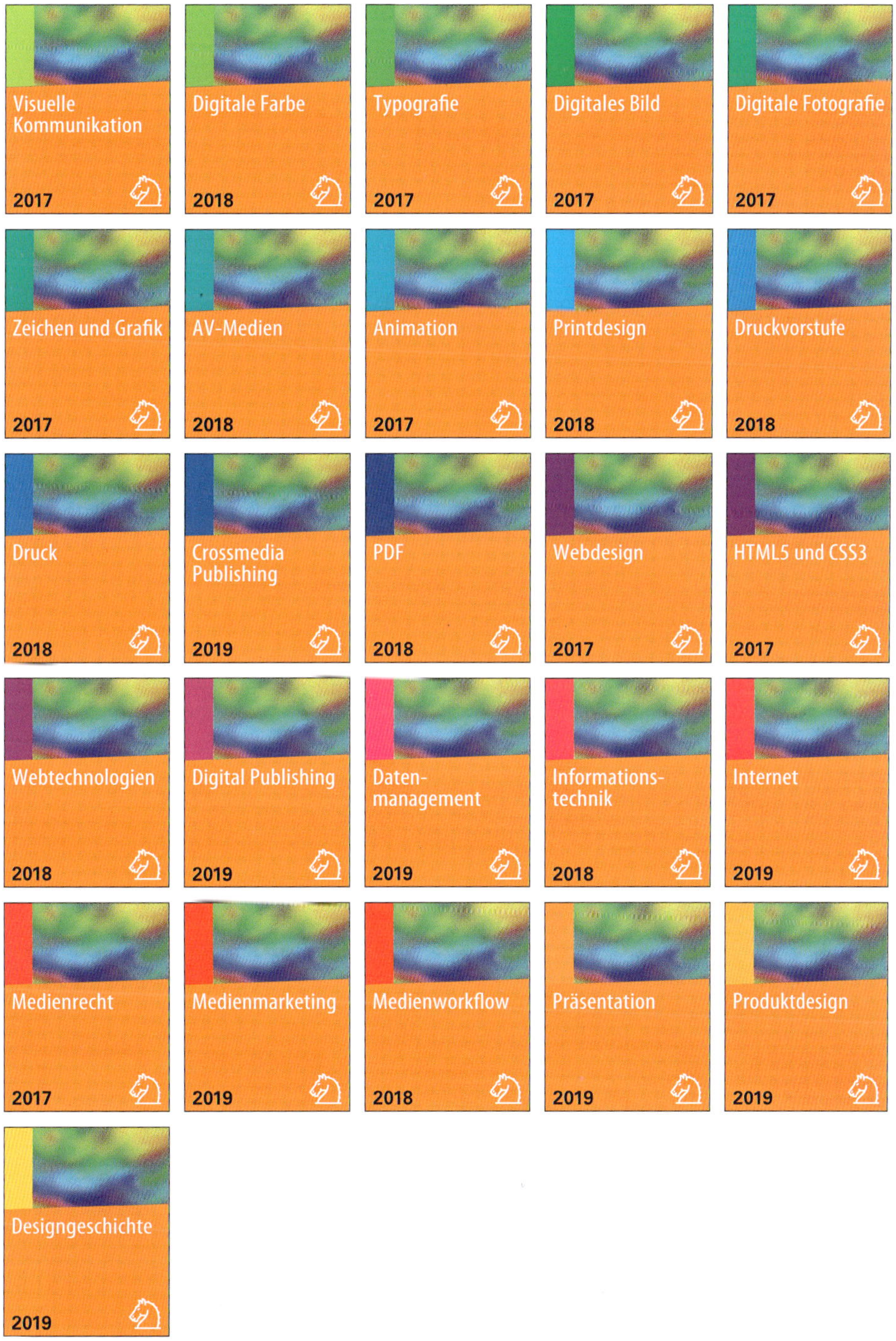

Bibliothek der Mediengestaltung

Titel und Erscheinungsjahr

Weitere Informationen: www.bi-me.de

Inhaltsverzeichnis

1 Konzeption 2

2 Design 14

1.1 Kommunikation

1.1.1 Präsentieren? – Kommunizieren!

Eine Präsentation ist mehr als ein Vortrag oder eine Rede. Eine gute Präsentation ist keine einseitige Veranstaltung bei der Sie reden, und, wenn Sie Glück haben, viele zuhören. Eine gute Präsentation ist wie ein erweitertes Gespräch zwischen Ihnen und Ihrem Publikum. Dabei werden Sie unterstützt von guten und klug eingesetzten Präsentationsmedien. Diese dienen der Veranschaulichung und Verstärkung Ihrer Botschaft.

Begriffsbestimmung

Das Wort *Kommunikation* hat seinen Ursprung in der lateinischen Sprache: communicatio – Mitteilung, communicare – teilhaben, communis – gemeinsam. Kommunikation bedeutet also *Verbindung, Austausch und Verständigung zwischen Menschen*.

1.1.2 Kommunikationsziele

Natürlich möchten Sie mit Ihrer Präsentation ein bestimmtes Ziel erreichen. Bevor Sie aber ein Ziel formulieren, müssen Sie Ihren eigenen Standpunkt bestimmen. Erst dann können Sie das Ziel und den Weg zum Erreichen des Ziels festlegen. Die Fragen sollen bei der zielorientierten Vorbereitung helfen.

Analyse und Bestimmung der Kommunikationsziele

- Wer ist mein Publikum?
- Welche Ideen und Inhalte möchte ich vermitteln?
- Welche Handlungen möchte ich auslösen?
- Warum sollte mein Publikum meine Präsentation hören? Möchte ich informieren, überzeugen, verkaufen?
- Welche Kommunikationsmittel und -medien kann ich zur Unterstützung einsetzen?
- Wie viel Zeit benötige ich – wie viel Zeit habe ich?
- Bietet die Präsentation etwas Neues, Unterhaltsames, Spannendes?
- Kann/muss ich mein Publikum aktiv beteiligen?

Formulieren Sie nach der Analyse – und bevor Sie mit der Erstellung Ihrer Präsentation beginnen – Ihr zentrales Kommunikationsziel in einem Satz. Sie sind dadurch gezwungen, es auf das Wesentliche zu reduzieren. Kommunikationsziele könnten sein:

- Ich will von meiner Weltreise berichten und das Publikum begeistern.
- Ich will meinen Chef von meiner Idee überzeugen.
- Ich will eine gutes Referat über das Mittelalter halten. (Ich will eine möglichst gute Note dafür bekommen.)
- Ich will besser sein als meine Mitbewerber und den Auftrag erhalten.
- Ich will mein neues Produkt möglichst oft verkaufen.

Überprüfen Sie nach Ihrer Präsentation, ob Sie Ihr Ziel erreicht haben.

1.1.3 Kommunikationsmodelle

Bevor wir uns um die Praxis der Präsentation kümmern, möchten wir Sie mit einigen wichtigen Kommunikationsmodellen bekannt machen. Jedes Modell hat eine eigene Sicht auf die Kommunikation. Welches Modell Ihrer Richtung entspricht oder ob Sie Vertreter eines weiteren Kommunikationsmodells sind, ist nicht so wichtig. Wichtig ist allein, dass Sie sich zunächst mit der Kommunikation zwischen Menschen befassen und sich nicht gleich auf die Technik stürzen. Denn die Präsentation lebt von Ihnen, von Ihrer Authentizität und Ihrer Kompetenz.

Modell von Shannon & Weaver

Das informationstheoretische Kommunikationsmodell von Shannon und Weaver aus dem Jahre 1949 ist grundlegend für viele nachfolgende Kommunikationsmodelle. Es besitzt heute noch Gültigkeit für die technisch-mathema-

P. Bühler et al., *Präsentation*, Bibliothek der Mediengestaltung,
https://doi.org/10.1007/978-3-662-55516-3_1

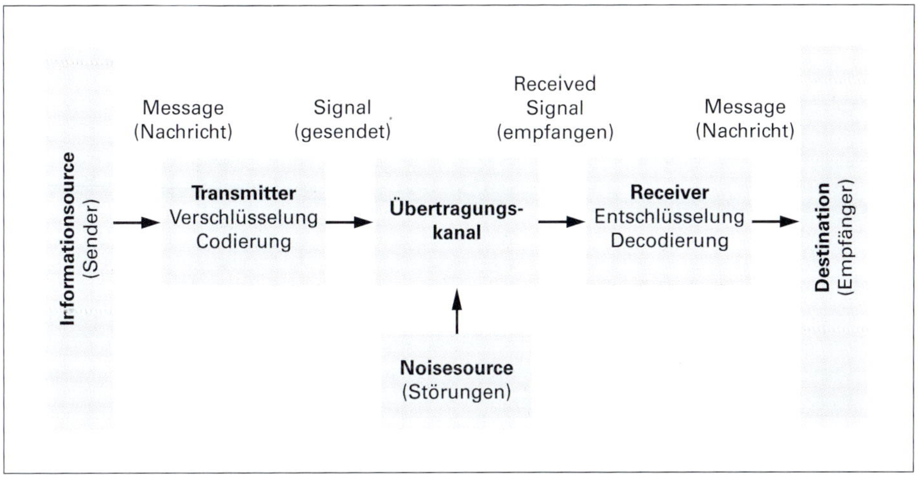

Modell von Shannon & Weaver

Das Modell stellt den Informationsfluss vom Sender zum Empfänger dar. Störungen müssen vermieden werden.

tische Seite der Informationsübertragung, d. h. die technische Kommunikation. Inhalte, deren Bedeutung oder Sinn spielen keine Rolle. Shannon sagt sogar ausdrücklich: Information hat keine Bedeutung.

Was lernen wir aus diesem Modell für unser Thema Präsentation? Als Präsentierende/r nehmen Sie die Rolle des Senders ein. Spricht Ihr Publikum, also die Empfänger, dieselbe (Fach-) Sprache, stellt die Decodierung der Nachricht kein Problem dar. Zu Störungen könnte es allerdings kommen, wenn Sie zu leise sprechen oder laute Umgebungsgeräusche hörbar sind.

Ein zweites Beispiel für eine nicht funktionierende Übertragung ist, wenn Sie in Ihrer Präsentation Bilder oder Grafiken verwenden, die das Publikum nicht entschlüsseln kann, also deren Bedeutung nicht versteht. Dies könnte der Fall sein, wenn die Grafiken zu komplex sind, zu kurz gezeigt werden oder der Bezug zum Thema nicht erkennbar ist. Auch in diesem Fall wäre der Informationsfluss gestört und die Botschaft des Senders würde beim Empfänger nicht oder falsch ankommen.

Modell von Watzlawick

Paul Watzlawick entwickelte in seinem 1969 erstmals erschienenen Buch „Menschliche Kommunikation – Formen, Störungen, Paradoxien" ein Kommunikationsmodell mit pragmatischen Regeln der Kommunikation. Er fasst seine Erkenntnisse in fünf Grundsätzen (Axiomen) zusammen:

1. *Man kann nicht nicht kommunizieren.* „Handeln oder Nichthandeln, Worte oder Schweigen haben alle Mitteilungscharakter: Sie beeinflussen andere, und diese anderen können ihrerseits nicht nicht auf diese Kommunikation reagieren und kommunizieren damit selbst." (Watzlawick 2003, S. 51). Ihre Zuhörer nehmen außer dem Inhalt Ihrer Präsentation viele verschiedene Informationen wahr. Sie registrieren beispielsweise Ihr Sprechtempo und die Lautstärke, aber auch Ihre Körpersprache wie Mimik, Gestik und Körperhaltung. Das Publikum reagiert auf Ihre Signale, Sie wiederum reagieren auf die Reaktion des Publikums. Kommunikation ist ein dynamischer Prozess.

2. *Jede Kommunikation hat einen Inhalts- und einen Beziehungsaspekt.* Der Inhaltsaspekt beschreibt das *Was* einer Nachricht. Ebenso wichtig für eine gelungene Präsentation ist der Beziehungsaspekt, das *Wie* einer Nachricht. Wie möchten Sie als Sender vom Empfänger wahrgenommen und verstanden werden bzw. wie nimmt der Empfänger Sie wahr und wie versteht er die Nachricht. Durch eine Störung des Beziehungsaspektes wird der Inhaltsaspekt entwertet. Erst der menschliche Faktor macht eine Präsentation erfolgreich. Nur wenn sich Redner und Zuhörer „mögen", kann Kommunikation erfolgreich sein.

3. *Die Natur einer Beziehung ist durch die Interpunktion der Kommunikationsabläufe seitens der Partner bestimmt.*
Diese kompliziert klingende Formulierung sagt im Kern aus, dass sich bei der Kommunikation Ursache und Wirkung abwechseln. Hierzu ein Beispiel: Sie beginnen eine Präsentation sichtlich schlecht gelaunt (Ursache). Das Publikum reagiert darauf und hört nicht zu (Wirkung). Sie unterstellen dem Publikum Desinteresse (Ursache) und Ihre Laune verschlechtert sich weiter (Wirkung). Das Publikum reagiert usw.
Wenn Sie sich darüber im Klaren sind, dass es solche Ursache-Wirkungs-Zusammenhänge gibt, dann können Sie gezielt damit arbeiten, z. B., indem Sie Ihr Publikum in die Präsentation ganz bewusst einbeziehen.

4. *Menschliche Kommunikation bedient sich analoger (nonverbaler) und digitaler (verbaler) Modalitäten.*
Sie können Objekte auf zwei unterschiedliche Arten darstellen, entweder durch verbale Benennung mit einem Namen oder in einer Analogie, z. B. in einer Zeichnung. Unter analogen Kommunikationsformen versteht Watzlawick die nonverbale Kommunikation und den Beziehungsaspekt der Kommunikation. Teil der analogen Kommunikation sind alle Aspekte der Körpersprache wie die Mimik und die Gestik sowie z. B. der Tonfall eines Menschen. Die Visualisierung eines Inhalts durch ein Bild oder eine Grafik entspricht ebenfalls dem analogen Modus.
Der digitale Modus der Kommunikation betrifft die Sprache als System von Zeichen, die einem bestimmten Objekt zugeordnet sind. Wenn Sie im Radio eine fremdsprachige Sendung hören, werden Sie vermutlich die Nachricht nicht entschlüsseln können. Dieses einfache Beispiel zeigt, dass die digitale Kommunikationsform der Sprache einen gemeinsamen Zeichenvorrat von Sender und Empfänger bedingt. Beide Kommunikationsformen, die analoge und die digitale Kommmunikation, ergänzen sich in einer erfolgreichen Präsentation gegenseitig.

5. *Kommunikation ist symmetrisch oder komplementär.*
Die Kommunikation zwischen Menschen wird durch ihre soziale Position bestimmt. Die gleiche Position führt zu einer symmetrischen Kommunikation. Eine unterschiedliche Position bedingt eine komplementäre Kommunikation.
Symmetrisch bedeutet spiegelbildlich oder spiegelgleich. Für die Kommunikation heißt dies, dass die Partner einer symmetrischen Kommunikation gleichberechtigt sind.

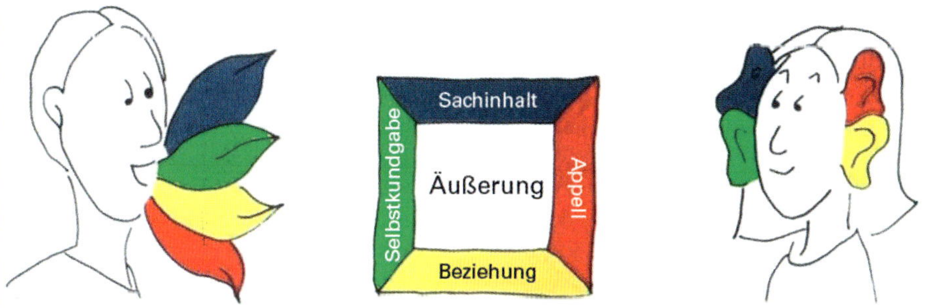

Modell von Schulz von Thun

Das Modell unterscheidet vier Ebenen, auf denen Kommunikation stattfindet. Zu Missverständnissen kommt es, wenn der „Schnabel" des Senders mit dem „Ohr" des Empfängers nicht zusammenpasst.

Wenn Sie als Schüler/in vor Ihren Mitschülern präsentieren, dann handelt es sich um eine symmetrische Kommunikationssituation. Komplementär bedeutet ergänzend. Ungleiche Kommunikationspartner ergänzen durch ihr unterschiedliches Verhalten die Kommunikation zu einer Gesamtheit. Wenn Sie vor Kunden, Vorgesetzten oder Lehrern präsentieren, dann ist dies ein komplementärer Kommunikationsprozess. Ob Ihre Kommunikation symmetrisch oder komplementär verlaufen wird, finden Sie heraus, indem Sie sich bei Ihrer Vorbereitung mit der Zielgruppe auseinandersetzen. Handelt es sich um Menschen, z. B. Lehrer oder Vorgesetzte, mit denen Sie komplementär kommunizieren, wäre eine Präsentation in Jogginghose, Flip-Flops und Umgangssprache nicht angemessen. Umgekehrt würde es befremdlich wirken, wenn Sie vor Mitschülern oder -studenten im Anzug auftreten und hochgestochen sprechen würden.

Modell von Schulz von Thun

Friedemann Schulz von Thun war Professor für Psychologie an der Universität Hamburg. 1981 hat er sein Kommunikationsmodell vorgestellt. Schulz von Thun unterscheidet bei der Kommunikation vier verschiedene Aspekte. Er stellt die vier Seiten einer Äußerung als Quadrat dar. Dem Sender ordnet er dementsprechend „vier Schnäbel" und dem Empfänger „vier Ohren" zu. Sein Modell wird deshalb auch als Vier-Ohren-Modell bezeichnet.

An der Kommunikation sind immer vier Schnäbel und vier Ohren beteiligt. Sie übermitteln und empfangen damit immer vier Botschaften gleichzeitig:

- *Sachinhalt* – „Worüber ich informiere."
  Mit Ihrer Präsentation möchten Sie dem Publikum einen bestimmten Inhalt vermitteln. Eine Studie des amerikanischen Psychologen *Albert Mehrabian* hat gezeigt, dass dabei der Sprache und Körpersprache erstaunlicherweise eine deutlich größeren Bedeutung zukommt als dem gesprochenen Wort.
- *Selbstkundgabe* – „Was ich von mir zu erkennen gebe."
  Mit Ihrer Präsentation geben Sie auch ein Stück von sich preis. Die Zuhörer merken, ob Sie hinter Ihrer Sache stehen oder nur Theater spielen. Seien Sie natürlich und authentisch.
- *Beziehung* – „Was ich von dir halte und wie ich zu dir stehe."

Der Beziehungsaspekt ist sicherlich der am schwierigsten erfassbare. Trotzdem hat er entscheidenden Einfluss auf das Gelingen des Kommunikationsprozesses. Auf der Beziehungsebene werden Ich-Botschaften und Du-Wir-Botschaften gesendet.

- *Appell* – „Was ich bei dir erreichen möchte."
  Mit jeder Aussage appellieren Sie an Ihre Zuhörer, eine geistige oder körperliche Handlung durchzuführen. Appelle können offen, unterschwellig, manipulativ ... sein.

Modell von Lasswell

Das vierte Kommunikationsmodell wurde schon 1948 von dem amerikanischen Wissenschaftler Harold Dwight Lasswell (1902–1978) entwickelt. Kernstück des Modells ist die Lasswell-Formel:

Modell von Lasswell
Lasswell fasst fünf Aspekte der Kommunikation in einem Merksatz zusammen.

Lasswell-Formel
Who says what in which channel to whom with what effect? Wer sagt was über welchen Kanal zu wem mit welchem Effekt?

Lasswell strukturiert in der Formel die Kommunikation als linearen Prozess in fünf Stufen.

- *Wer?* – Sender
  Wenn Sie präsentieren, dann werden Sie hierdurch zum Sender oder Übermittler einer Botschaft.
- *Was?* – Inhalt, Botschaft
  Der Inhalt einer Präsentation kann rein informativ sein (z. B. Schülerreferat), er kann aber auch zur Überzeugung des Publikums dienen (z. B. Einführung eines neuen Produkts).
- *Wie?* – Medium
  Der Kanal ist die Verbindung zwischen Sender und Empfänger. Bei Präsentationen befinden sich im Normalfall beide in einem Raum. Denkbar ist aber auch die Videoübertragung der Präsentation an einen anderen Ort.
- *Zu wem?* – Empfänger, Zielgruppe
  Eine erfolgreiche Kommunikation muss zielgruppenorientiert sein. Ihre äußere Erscheinung, Ihr Auftreten, Ihre Sprache und Körpersprache müssen auf die Besonderheiten der Empfänger abgestimmt sein.
- *Wozu?* – Absicht, Wirkung
  Idealerweise löst Ihre Präsentation beim Empfänger das von Ihnen beabsichtigte Verhalten aus. Dies kann sein, Ihr Publikum zu informieren, zu begeistern, zu überzeugen, zum Kauf zu animieren oder vielleicht auch nur, es zum Lachen zu bringen.

Fazit

Jedes Modell stellt eine Vereinfachung der Realität dar. Dennoch helfen sie uns, Rückschlüsse für das eigene Verhalten zu ziehen. In der Tabelle sind einige Schlussfolgerungen aus den vorgestellten Modellen zusammengefasst:

Schlussfolgerungen aus den Kommunikationsmodellen
▪ Damit der Informationsfluss zwischen Ihnen und dem Publikum funktioniert, müssen Störungen (z. B. Umgebungsgeräusche, undeutliche Aussprache) vermieden werden. ▪ Ihre Kommunikation mit dem Publikum beginnt in dem Moment, in dem Sie die Bühne betreten. ▪ Der Aufbau einer Beziehung zu Ihrem Publikum ist von großer Bedeutung für den Erfolg Ihrer Präsentation. ▪ Die möglichst genaue Kenntnis der Zielgruppe ist für die Vorbereitung und Durchführung Ihrer Präsentation unerlässlich. ▪ Bei einer Präsentation wird nicht nur gesprochen – sie wird durch geeignete Medien visuell unterstützt (siehe nächster Abschnitt). ▪ Kommunizieren Sie nicht nur auf der Sachebene. Durch Ich-Botschaften geben Sie etwas von sich preis, durch Appelle und Wir-Botschaften beziehen Sie Ihr Publikum mit ein.

Behaltensquote von Information

Die Chance, dass die Inhalte einer Präsentation langfristig im Gedächtnis bleiben, steigt, wenn Hören und Sehen kombiniert werden.

1.1.4 Visuelle Kommunikation

Präsentieren bedeutet in der wörtlichen Übersetzung *darstellen, vorlegen, vorzeigen*. Dies verdeutlicht, was unter einer Präsentation *nicht* zu verstehen ist: ein sich auf Worte beschränkender Vortrag oder eine freie Rede.

Eine Präsentation schließt immer eine Veranschaulichung der Inhalte ein. Der Fachbegriff hierfür lautet *Visualisierung*. Visualisierung beinhaltet den Begriff „visuell", also das Sehen betreffend. Zur verbalen Kommunikation, die im letzten Kapitel thematisiert wurde, kommt also bei einer Präsentation stets die *visuelle Kommunikation* hinzu. Hierdurch erreichen Sie, dass neben dem Hörsinn auch der Sehsinn des Publikums angesprochen wird. Wie die Grafik zeigt, steigt hierdurch die Behaltensquote von Information deutlich an.

Vielleicht haben Sie bemerkt, dass auch die Grafik oben eine Visualisierung ist, weil hier tabellarische Daten in eine Grafik umgesetzt wurden: Die „Füllhöhe" im Gehirn ist eine Bildmetapher, bei der eine Tätigkeit des Alltags, das Einfüllen einer Flüssigkeit, in einen neuen Zusammenhang gebracht wird.

Die Kunst des Visualisierens besteht darin, Informationen in kompakter, anschaulicher und leicht verständlicher Art und Weise darzustellen, z. B.:

- Kurze stichwortartige Texte, Aufzählungen, Tabellen
- Informationsgrafiken, Diagramme, Zeichnungen, Skizzen
- Bildkompositionen, Bildausschnitte
- Videos, 2D- oder 3D-Animationen

Beachten Sie jedoch, dass eine Visualisierung das gesprochene Wort unterstützt, aber niemals ersetzen darf. Im Mittelpunkt einer Präsentation müssen immer Sie als Präsentierende/r stehen.

Visuelle Kommunikation spielt in der Mediengestaltung eine zentrale Rolle. Aus diesem Grund haben wir dem Thema einen eigenen Band in dieser Buchreihe gewidmet.

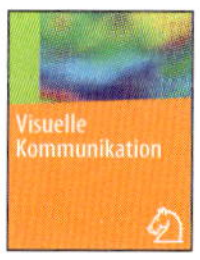

1.2 Arbeits- und Zeitplan

Der Termin Ihrer Präsentation ist noch ganz weit weg – und plötzlich ist er da, überraschend wie Weihnachten. Damit Sie nicht überrascht werden und Ihre Präsentation professionell erarbeiten und durchführen können, müssen Sie mit einer gründlichen Arbeitsplanung beginnen.

Fragen zur Arbeitsplanung

- Wann ist der Präsentationstermin?
- Wie viel Zeit bleibt bis dahin?
- Wie viel Zeit kann ich zur Vorbereitung aufwenden?
- Arbeite ich alleine oder im Team?
- Erhalte ich Unterstützung von anderen Personen?
- Welche Möglichkeiten der Recherche und Materialerarbeitung habe ich?
- Welche Arbeitsschritte muss ich bis zur Präsentation erledigen?
- Welche Präsentationsmedien stehen mir zur Verfügung?
- Welche Medien muss ich mir technisch erarbeiten?
- Wie umfangreich muss meine Präsentation sein?
- Welchen Anspruch habe ich an meine Präsentation?

Die Antworten auf diese Fragen werden möglicherweise zu sich widersprechenden Zielen führen. Sie möchten eine optimale Präsentation halten, haben aber nur beschränkte Vorbereitungszeit und Ressourcen, z. B. zur Materialbeschaffung, zur Verfügung.

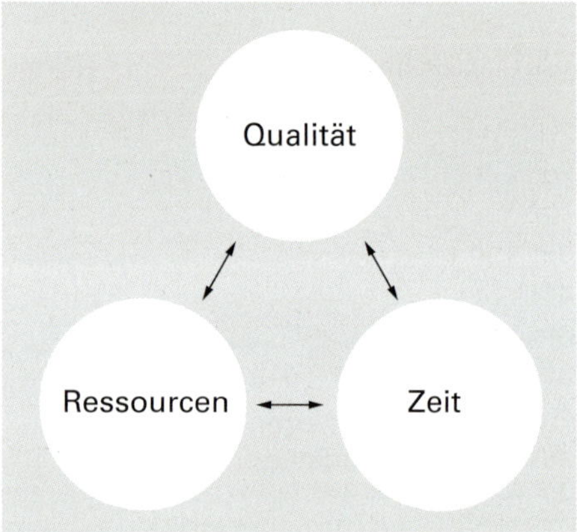

Aus der angestrebten Balance dieser drei sich widersprechenden Ziele entwickeln Sie Ihren Arbeits- und Zeitplan. In ihm notieren Sie, bis zu welchem Termin Sie den jeweiligen Planungsschritt abgeschlossen haben müssen. Durch Berücksichtigung einer minimal erforderlichen und maximal möglichen Zeit ergibt sich ein Zeitpuffer.

Arbeits- und Zeitplan

Die Differenz zwischen der minimalen und der maximalen Zeit ist Ihr Puffer für unvorhersehbare Ereignisse. Der Termin bezeichnet den Endtermin für den jeweiligen Arbeitsschritt.

Arbeitsschritte	Zeit (h) minimal	maximal	Termin	Notizen
Thema, Ziel				
Recherche				
Erarbeitung				
Gliederung				
Ausarbeitung				
Probelauf				
Überarbeitung				
Präsentation				

1.3 Titel und Inhalt

Nachdem Sie die Arbeits- und Zeitplanung erstellt haben, folgt nun die praktische Erarbeitung der Inhalte Ihrer Präsentation.

1.3.1 Titelfindung

Zu Beginn Ihrer Arbeit geht es um die Formulierung eines Titels. Dabei ist das Thema Ihrer Präsentation eng verbunden mit dem Kommunikationsziel, mit dem Sie sich auf Seite 2 auseinandergesetzt haben. Der Titel Ihrer Präsentation entspricht den Schlagzeilen in der Zeitung oder in Nachrichtenportalen im Web. Seine Formulierung entscheidet darüber, ob die Leser Interesse haben, den Artikel zu lesen.

Nun ist es häufig so, dass das Thema einer Präsentation von anderen, z. B. von Ihrem Lehrer, Professor oder Vorgesetzten, vorgegeben wird. Und oft wird es so sein, dass Sie das Thema wenig spannend finden und die Präsentation als lästige Pflicht empfinden. Verwerfen Sie diesen Gedanken! Ihr Publikum merkt sofort, wenn Sie nicht hinter Ihrem Thema stehen. Machen Sie das Thema zu *Ihrem* Thema!

Versuchen Sie durch die Formulierung des Titels Interesse zu wecken. Beispiel: Sie erhalten die Aufgabe, ein Referat über Computerhardware zu halten. Der Titel „Computerhardware" wäre zwar korrekt, würde aber allenfalls Computerfreaks „hinter dem Ofen hervorlocken". Mit einer Formulierung wie „Wie kommt das ‚A' von der Tastatur auf den Bildschirm?" oder „Computerdoc: OP am offenen Computer" könnte es gelingen, Erwartungen beim Publikum zu wecken und dessen Aufmerksamkeit zu gewinnen. Damit haben Sie schon sehr viel erreicht. Die Grafik rechts oben zeigt die nächsten Schritte zur Erarbeitung der Inhalte.

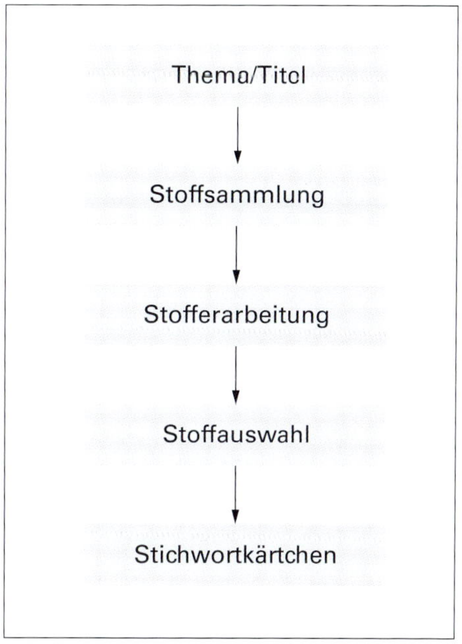

1.3.2 Stoffsammlung

Brainstorming
Thema und Titel sind gefunden, jetzt geht es um die Inhalte. Schreiben Sie in Stichworten alles auf, was Ihnen zu Ihrem Thema einfällt. Bewerten Sie noch nichts und sortieren Sie noch nichts aus. Es geht in dieser Arbeitsphase nur darum, sich dem Thema zu nähern und sich einen Überblick zu verschaffen.

Recherche
Auf der Basis Ihres Brainstormings ermitteln Sie Ihren Informationsbedarf und entwickeln eine Suchstrategie zur Recherche in Büchern, Zeitschriften und natürlich dem Internet. Folgende Fragen können bei der Recherche helfen:

- Was interessiert meine Zielgruppe (oder meinen Lehrer, Professor, Vorgesetzten) an diesem Thema?
- Habe ich schon Material zu diesem Thema?

Erarbeitung der Inhalte
Die Schwierigkeit bei der Vorbereitung einer Präsentation besteht darin, aus einer Fülle an Informationen die wichtigen Inhalte ausfindig zu machen, zu erarbeiten, zu gliedern und auf Stichwortkarten zu verdichten.

- Wo finde ich Material?
- Kann ich das Thema bewältigen oder brauche ich die Hilfe eines Experten?
- Wie viel Zeit habe ich zur Erarbeitung?
- ...

Wichtig bei der Recherche, egal ob gezielt oder nach dem Schneeballsystem, ist, dass Sie die Ergebnisse zusammen mit den Quellen notieren. Ein korrektes Quellenverzeichnis gehört zu einer Präsentation zwingend dazu. Vor allem bei Recherchen im Internet ist es wichtig, sich die Quelle gleich zu notieren, da Sie diese sonst möglicherweise nicht wiederfinden. Im Quellenverzeichnis dieses Buches können Sie nachsehen, wie Internetquellen angegeben werden.

1.3.3 Stofferarbeitung und -auswahl

Aus unserer Unterrichtspraxis wissen wir: Die Entnahme von Texten aus Wikipedia ist sehr beliebt, geht einfach und schnell. Nun spricht überhaupt nichts dagegen, Wikipedia in seine Recherchen einzubeziehen. Das Problem ist jedoch, dass die Artikel teilweise (zu) knapp und teilweise (zu) ausführlich sind. Die Gefahr ist deshalb groß, das gewünschte oder geforderte Niveau nicht zu finden.

Exzerpte

Die Erarbeitung eines Themas erfordert, sogenannte *Exzerpte* anzufertigen. Unter einem Exzerpt versteht man einen auf das Thema bezogenen Textauszug. Alles, was für das Thema unwichtig ist, wird weggelassen. Exzerptieren heißt also auswählen und leistet damit schon eine erste Vorarbeit für die Gliederung.

Um eine Auswahl treffen zu können und wichtig von unwichtig unterscheiden zu können, bleibt Ihnen die Einarbeitung in das Thema nicht erspart. Dabei ist es nicht verboten, sondern erwünscht, sich mit anderen über das Thema auszutauschen. Im Gespräch werden Ihnen die Inhalte und Zusammenhänge klarer und Sie merken, woran Sie noch arbeiten müssen. Wer etwas erklären kann, der hat es auch verstanden. Im Unterschied zur Rede sind bei Präsentationen Rückfragen erlaubt und erwünscht. Haben Sie Ihr Thema nicht verstanden, werden Sie schon bei der ersten Frage „auffliegen".

Goldene Regel
Ich präsentiere nur Inhalte, die ich selbst verstanden habe.

Während die Recherche früher mühsam und nur in Fachbibliotheken möglich war, ist sie heute durch das Internet sehr einfach geworden. Das heutige Problem ist deshalb nicht, Informationen zu finden, sondern die Fülle an Informationen zu verdichten und eine Auswahl zu treffen. Hierzu stellen wir Ihnen zwei Methoden vor.

Reduktionsmethode

Mit Hilfe der Reduktionsmethode beschränken Sie Ihren Stoff auf das Wesentliche.

- *Kürzen*
  Kürzen heißt vor allem, Überflüssiges, Schmückendes und Doppelungen wegzulassen. Gebrauchen Sie eine klare Sprache ohne Füllwörter oder lange Schachtelsätze.
- *Verdichten*
  Erhöhen Sie die Informationsdichte Ihrer Aussagen durch die Auflösung ganzer Sätze in kurze Teilsätze oder Stichpunkte. Sie werden hierdurch gezwungen, bei Ihrer Präsentation frei zu sprechen. Das Ergebnis können Sie direkt für Ihre Folien verwenden oder auf Stichwortkarten notieren.

A-B-C-Analyse

Die A-B-C-Analyse hilft Ihnen bei der Auswahl und Gewichtung der Inhalte Ihrer Präsentation.

- A-Inhalte
  Alle Inhalte, die präsentiert werden müssen
- B-Inhalte
  Alle Inhalte, die präsentiert werden sollten
- C-Inhalte
  Alle Inhalte, die präsentiert werden könnten, wenn genügend Zeit bleibt

Ordnen Sie alle Inhalte einer dieser drei Kategorien zu. Bedenken Sie dabei immer, auswählen heißt vor allem weglassen. Durch die Überprüfung werden Ihnen die Inhalte noch bewusster, und es ergibt sich meist schon die Grundlage für eine Gliederung.

1.3.4 Stichwortkarten

In einer Präsentation sollte frei gesprochen werden. Es ist aber nicht erforderlich, die gesamte Präsentation auswendig im Kopf zu haben. Zur Unterstützung kommen entweder Stichwortkarten, meistens Karteikarten im Format A6 oder A7, oder digitale Notizen, die z. B. in *PowerPoint* erstellt werden können, zum Einsatz.

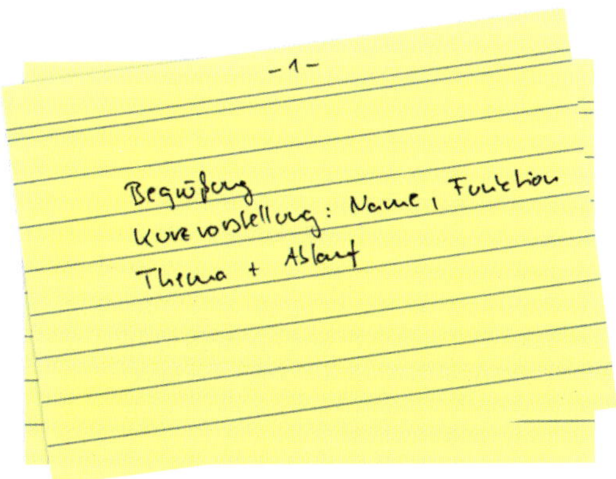

Stichwortkarten oder digitale Notizen dienen nicht nur als Gedächtnisstütze. Sie müssen sich bei der Erstellung nochmals Gedanken über die Gliederung und Abfolge machen. Die Inhalte werden auf die wesentlichen Punkte reduziert, Zahlen und Fakten notiert. Stichwortkarten haben also eine vergleichbare Funktion wie ein gut gemachter Spickzettel für eine Klassenarbeit oder eine Klausur. Sie sind nicht – wie manche meinen – ein Zeichen von Schwäche, sondern kennzeichnen eine professionelle Präsentation.

Außerdem haben Sie mit den Kärtchen etwas in der Hand, an dem Sie sich festhalten können. Ihre Hände kommen zur Ruhe und unterstützen Ihre Worte trotzdem mit angemessener Gestik.

1.3.5 Visualisierung

Wie auf Seite 7 erläutert, gehört eine Visualisierung, also eine (multi-)mediale Unterstützung, zu einer guten Präsentation hinzu. Dem Erstellen einer Bildschirmpräsentation widmen wir deshalb das nächste Kapitel.

Bedenken Sie, dass es nicht unbedingt oder nicht nur „PowerPoint" sein muss, mit dem Sie die Präsentation visualisieren. Wenn wir nochmals das Beispiel „Computerhardware" aufgreifen, dann wäre es noch viel besser, wenn Sie die Komponenten des Computers mitbrächten und herumgeben könnten.

Ihrer Fantasie sind keine Grenzen gesetzt, was die Visualisierung anbelangt: Gegenstände, Modelle, Experimente, Demonstrationen, eigene Plakate, Videoclips... Je abwechslungsreicher und vielfältiger, umso besser – Ihre Präsentation wird hierdurch kurzweilig, unterhaltsam und spannend.

1.4 Aufgaben

1 Präsentation von Rede unterscheiden

a. Worin liegt der Unterschied zwischen Präsentation und Rede?

b. Welchen Vorteil bietet eine Präsentation im Vergleich zur Rede?

c. Definieren Sie den Begriff „Visualisieren".

2 Kommunikationsmodell von Shannon/Weaver kennen

Nennen Sie drei Beispiele für Störungen, zu denen es zwischen Sender und Empfänger kommen kann.

1.

2.

3.

3 Kommunikationsmodell von Schulz von Thun kennen

Schulz von Thun spricht von vier Schnäbeln, mit denen gesprochen wird, und von vier Ohren, mit denen gehört wird. Hierdurch kann es zu Kommunikationsstörungen kommen.
Erklären Sie mögliche Missverständnisse bei folgenden Aussagen.

a. „Die Suppe schmeckt heute würzig."

Gemeint ist:

Verstanden wird:

b. „Deine Haare waren früher länger."

Gemeint ist:

Verstanden wird:

c. „Du hast sehr genau gearbeitet."

Gemeint ist:

Verstanden wird:

4 Kommunikationsmodell von Watzlawick kennen

Erklären Sie die Aussage „Man kann nicht nicht kommunizieren" in eigenen Worten.

5 Präsentation vorbereiten

Bringen Sie die Tätigkeiten in die richtige Reihenfolge:

- ☐ Stichwortkarten schreiben
- ☐ Ziel definieren
- ☐ Stoff auswahlen, verdichten
- ☐ Arbeitsplan aufstellen
- ☐ Brainstorming durchführen
- ☐ Stoff recherchieren, sammeln
- ☐ Stoff erarbeiten

6 Behaltensquote kennen

Ordnen Sie die Tätigkeiten von der niedrigsten zur höchsten Behaltensquote.

- ☐ Selbst anwenden
- ☐ Hören und sehen
- ☐ Lesen
- ☐ Hören
- ☐ Sehen
- ☐ Selbst wiederholen

7 Präsentation medial unterstützen

Präsentationen werden häufig digital, z. B. mit PowerPoint, unterstützt. Zählen Sie drei weitere Möglichkeiten zur medialen Unterstützung auf.

1.
2.
3.

8 Stichwortkarten schreiben

Nehmen Sie an, dass Sie eine Präsentation über Watzlawick halten müssen. Fassen Sie hierfür seine fünf Axiome (in eigenen Worten) auf Stichwortkarten zusammen.

2.1 Layout

Da wir uns in diesem Kapitel überwiegend mit digitalen Bildschirmpräsentationen beschäftigen, werfen wir zunächst einen Blick auf die Geräte, mit denen präsentiert wird. Dies sind heute noch überwiegend Beamer. Allerdings nimmt das Angebot an großformatigen Displays ständig zu und deren (aktuell noch hohen) Preise nehmen ab. Zumindest in kleineren Seminarräumen ist deshalb in nächster Zeit eine Ablösung der Beamer durch an der Wand montierte Displays zu erwarten.

2.1.1 Beamer

Da sie für das Layouten von Bedeutung sind, sehen wir uns zunächst die wichtigsten technischen Kennwerte heutiger Beamer an.

Format
Gedruckte Produkte besitzen meistens ein Hochformat, das heißt, dass die Seitenbreite im Vergleich zur Seitenhöhe geringer ist. Im Unterschied hierzu verwenden Monitore und Beamer ein Querformat, bei dem also die Breite größer ist als die Höhe.

Für das Layouten bietet das Querformat Vor- und Nachteile. Ein Vorteil ist, dass sich das Querformat für Bilder und Videos besser eignet als das Hochformat. Der Grund ist die physiologische Eigenschaft unserer Augen, horizontal einen deutlich größeren Bereich scharf sehen zu können als vertikal. Sie kennen dies aus dem Kino, wo ein extrem breites Format verwendet wird.

Für die Lesbarkeit von Texten ist das Querformat jedoch nachteilig, da die Zeilen zu lang werden, wenn sie quer über den Monitor verlaufen. Beim Entwurf des Layouts müssen wir deshalb dafür sorgen, dass die Zeilen nicht zu lang sind (siehe Seite 38).

Seitenverhältnis (Aspect Ratio)
Das Seitenverhältnis gibt an, wie sich die Breite und Höhe zueinander verhalten. Üblicherweise werden hierfür ganze Zahlen verwendet. Während ältere Beamer ein Verhältnis von 4:3 besaßen, haben aktuelle Geräte überwiegend ein Seitenverhältnis von 16:9. An dieses Format sind Sie gestalterisch gebunden.

Auflösung
Die Anzahl an Pixel in der Bildbreite und Bildhöhe wird als Auflösung des Beamers bezeichnet. Ein Bild wird umso detailreicher und schärfer, je höher die Anzahl an Pixeln ist. In der Tabelle sind die aktuell (Stand: 2019) gängigen Auflösungen zu finden. 4K-Beamer kommen vor allem im Heimkino-Bereich zum Einsatz.

Name	Auflösung (Pixel)	Seitenverhältnis
HD ready	1.280 x 800	16:9
Full HD	1.920 x 1.080	16:9
4K	4.096 x 2.160	16:9

Die Auflösung spielt in der Gestaltung vor allem bei der Bildauswahl eine Rolle. Wählen Sie Bilder mit einer geringeren Auflösung aus, so gehen bei der Präsentation Bilddetails verloren. Weitere Informationen zu diesem Thema finden Sie auf Seite 21.

P. Bühler et al., *Präsentation*, Bibliothek der Mediengestaltung,
https://doi.org/10.1007/978-3-662-55516-3_2

2.1.2 Gestaltungsraster

Gute Gestaltung ist niemals willkürlich oder zufällig – sie befolgt Regeln und Prinzipien. Ein wichtiges Prinzip ist, dass unser Gehirn nach Struktur und Ordnung sucht. Auch wenn Sie vielleicht beim Anblick Ihres Schreibtischs das Gegenteil denken: Im Chaos fühlen wir uns nicht wohl und finden uns nicht (gut) zurecht.

In einer guten Präsentation werden Sie die zugrunde liegende Struktur und Ordnung erkennen. Dem Publikum wird hierdurch das Aufnehmen der Informationen erheblich leichter gemacht.

Willkürliche Gestaltung ohne Raster

Durchgängig gleiche Gestaltung mit Raster

Als Hilfmittel zur Gestaltung von Präsentationen verwenden wir ein Raster, das als *Gestaltungsraster* bezeichnet wird. Ein Raster sorgt dafür, dass gleichartige Elemente, z. B. Überschriften oder ein Logo, sich auch immer exakt an derselben Stelle befinden. Ein Raster sorgt dafür, dass Folien einheitliche Seitenränder erhalten. Ein Raster lässt aber andererseits genügend Freiraum zur individuellen Gestaltung der Folien.

2.1.3 Goldener Schnitt

Goldener Schnitt

Das Teilungsverhältnis von ca. 3:5 des Goldenen Schnitts wird als besonders harmonisch empfunden.

Den Goldenen Schnitt gibt es schon viele Jahrhunderte. In vielen Kunst- und Bauwerken ist dieses Proportionsgesetz konstruiert. Der Goldene Schnitt teilt eine Strecke asymmetrisch unge-

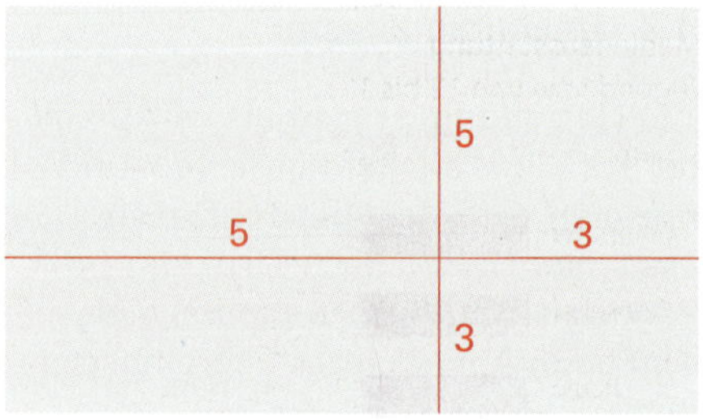

fähr im Verhältnis 3:5 (exakt: 1:1,618) auf. Dieses Teilungsverhältnis wird als besonders ästhetisch und harmonisch empfunden.

Die Beispiele unten zeigen die Anwendung des Teilungsverhältnisses in vertikaler und in horizontaler Richtung. Obwohl sich vier unterschiedliche Layouts ergeben, ist dennoch ein Zusammenhang erkennbar.

Anwendung des Goldenen Schnitts

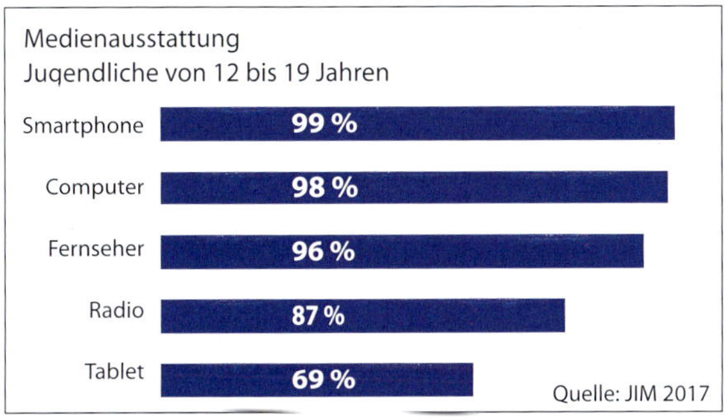

Der Folieninhalt bedeckt fast die gesamte Fläche.

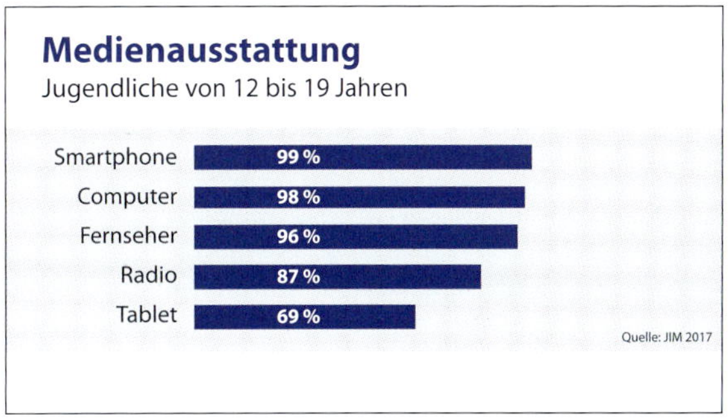

Die Informationen sind von Weißraum umgeben.

2.1.4 Weißraum

Haben Sie den Mut zur Lücke! Viele Präsentationen sind zu voll und überfordern den Betrachter mit einem Zuviel an Information. Bedenken Sie, dass Ihr Publikum den Inhalt Ihrer Folien nicht kennt und innerhalb weniger Sekunden erfassen muss. Dies ist nur möglich, wenn Sie beim Layout Flächen vorsehen, die frei bleiben. Der Fachbegriff hierfür lautet *Weißraum*. Auch mit einfarbigen Flächen können Sie eine bestimmte Wirkung erzielen.

Links oben wurde fast die gesamte Folienfläche genutzt. Auf einer großen Projektionsfläche können die Informationen nicht mehr auf einen Blick erfasst werden. Rechts sind sowohl das Diagramm als auch die Überschrift von einem Rand umgeben. Die graue Fläche hinter der Grafik sorgt dafür, dass diese als Einheit wahrgenommen wird. Dies liegt daran, dass unser Gehirn geschlossene Formen besser wahrnimmt als offene, man spricht vom *Gesetz der Geschlossenheit*. Der umgebende Weißraum sorgt schließlich dafür, dass das Diagramm optisch im Vordergrund steht.

2.1.5 Balance

Stellen Sie sich Ihre Folie als Brett vor, das auf einer Nagelspitze liegt. Es gibt nur einen einzigen Punkt, in dem das

Der große Bildausschnitt führt zu einem Ungleichgewicht.

Überschrift und Bild sind in Balance.

Brett exakt waagrecht liegt – in Balance ist. Wenn Sie nun etwas auf eine Hälfte des Bretts legen, dann gerät es aus dem Gleichgewicht und Sie müssen dafür sorgen, dass Sie es durch ein Gegengewicht auf der anderen Hälfte wieder in Balance bringen.

Auch beim Grafikdesign schaffen Sie (bewusst) Ungleichgewichte, z. B. durch Anwendung des Goldenen Schnitts.

Im Beispiel auf der letzten Seite links unten wirkt das angeschnittene Foto dominant und „erdrückt" den Text, der die eigentliche Botschaft der Folie enthält. Rechts stehen Foto und Text in einem harmonischeren Verhältnis. Der große Weißraum um den Text bringt diesen noch besser zur Geltung.

2.1.6 Layoutbeispiele

Auf der rechten Seite finden Sie vier typische Folienlayouts. In einer Präsentation können Sie diese Layouts miteinander kombinieren. Durch die Verwendung eines einheitlichen Rasters, einer einheitlichen Typografie und Farbgestaltung stellen Sie sicher, dass der Zuschauer den berühmten roten Faden nicht verliert.

Layout mit Fußzeile
Manchmal ist es erwünscht, dass bestimmte Informationen auf jeder Folie der Präsentation zu sehen sind. Dies kann beispielsweise das Thema, Datum der Veranstaltung, der Veranstaltungsort oder der Name des Präsentators sein. In manchen Präsentationen ist in der Fußzeile auch die aktuelle Foliennummer zu sehen (Folie x von y).

Diese wiederkehrenden Informationen dürfen nicht zu aufdringlich positioniert werden, da sie für den Betrachter wenig „spannend" sind. Platzieren Sie deshalb diese Informationen in einer separaten Fußzeile. Diese kann z. B. farbig hinterlegt sein oder durch eine Linie vom Inhalt abgetrennt werden. Überlegen Sie sich jedoch gut, ob Sie die oben erwähnten Zusatzinformationen tatsächlich auf jeder Folie benötigen. Ihre Zuschauer sind ja nicht dumm und wissen, wo sie sind und welches Datum wir haben.

Layout mit Kopfzeile
Eine Kopfzeile kommt zum Einsatz, wenn der Fokus auf die Überschriften gelenkt werden soll. Sie werden durch den farbigen Hintergrund optisch in den Vordergrund gerückt. in einer Kopfzeile könnte sich auch das Schul- oder Firmenlogo befinden.

Layout mit randabfallenden Bildern
Bilder dürfen, im Unterschied zu Text, bis an den Folienrand platziert werden – man spricht von randabfallenden Bildern. Randabfallende Bilder können eine sehr schöne Wirkung erzielen.

Das Beispiel zeigt ein Layout, das die Folie in etwa nach dem Goldenen Schnitt aufteilt. Bei größerer Textmenge ist eine umgekehrte Lösung denkbar, bei der für das Bild ein Drittel und für den Text zwei Drittel des Platzes vorgesehen werden.

Layout mit formatfüllenden Bildern
Die Wirkung eines Bildes wird nochmals gesteigert, wenn es die gesamte Folienfläche bedeckt. Sie kennen dies aus ganzseiten Bildanzeigen in Zeitschriften.

Wenn zusätzlich Text benötigt wird, dann muss unbedingt darauf geachtet werden, dass der Kontrast zwischen Schrift und Hintergrund ausreichend groß und der Hintergrund nicht zu unruhig ist. Verzichten Sie andernfalls lieber auf Text.

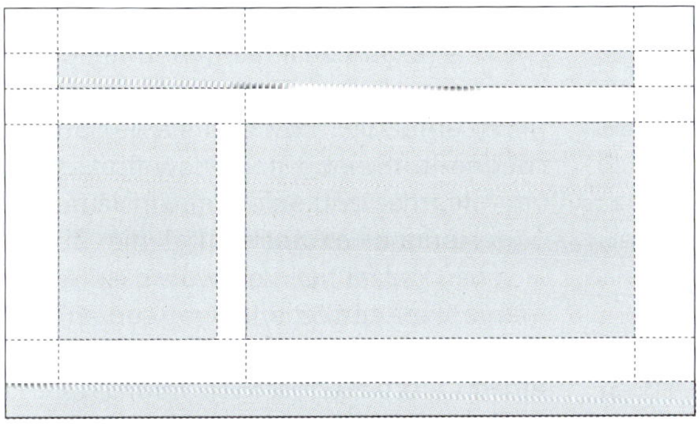

Überschrift
▪ Folientext
▪ Folientext
▪ Folientext
▪ Folientext
z.B. Thema, Datum

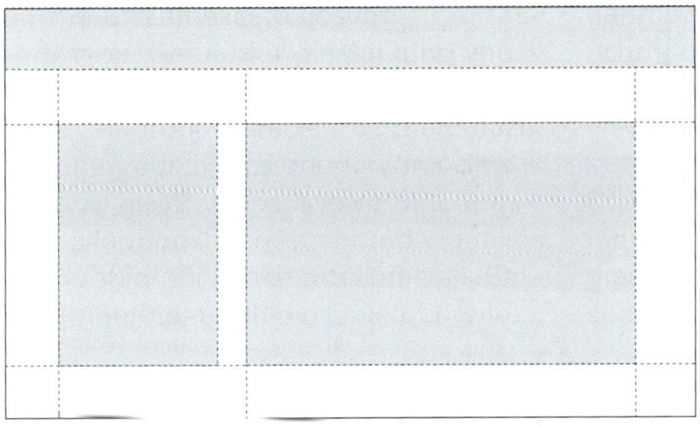

Überschrift
▪ Folientext
▪ Folientext
▪ Folientext
▪ Folientext

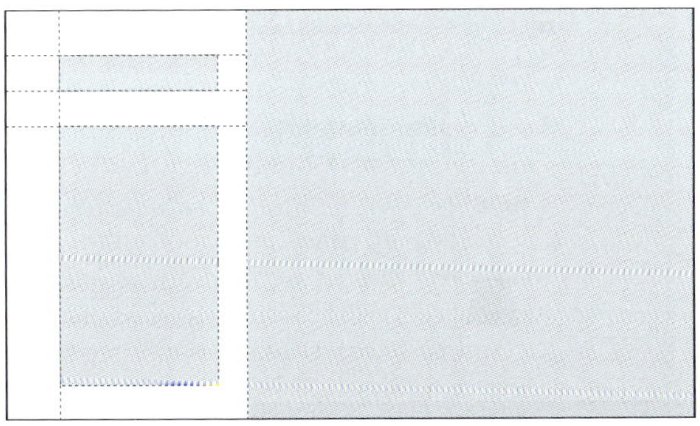

Überschrift
▪ Folientext
▪ Folientext
▪ Folientext
▪ Folientext

Überschrift

2.1.7 Layouts für analoge Medien

Bisher haben wir uns mit dem Layouten von Bildschirmpräsentationen beschäftigt. Daraus sollten Sie aber keineswegs schließen, dass Sie beim Einsatz analoger Medien wie Whiteboard oder Flipchart auf ein Layout verzichtet können – im Gegenteil!

Machen Sie sich im Vorfeld Gedanken darüber, wie und in welcher Abfolge Sie die Inhalte anordnen und präsentieren möchten. Wie bei digitalen Präsentationen gilt, dass Ihre Texte und Grafiken mit Hilfe eines (unsichtbaren) Gestaltungsrasters platziert werden. Sie können hierzu feine Bleistiftlinien vorzeichnen.

Das linke Beispiel zeigt ein Flipchart, bei dem ohne Vorplanung „losgeschrieben" wurde. Insgesamt ergibt sich ein unharmonisches Layout, bei dem der Text im oberen Eck „klebt". Im rechten Beispiel sehen Sie, wie mit wenigen Veränderungen eine deutlich bessere Wirkung erzielt werden kann. Das Layout besitzt hier einen einheitlichen Rahmen, Überschrift und Inhalt sind optisch klar getrennt und die Zeilenabstände sind ungefähr gleich.

Hier wurde einfach links oben begonnen.

Durch die Struktur wirkt die Seite gleich professioneller.

2.2 Bilder

Bilder, insbesondere Fotos, spielen bei der Visualisierung Ihrer Präsentation eine entscheidende Rolle. Durch die geschickte Auswahl von Bildmotiven unterstützen Sie Ihre Worte durch sogenannte *Key Visuals* und verbessern damit die Chance, dass Ihre Präsentation im Gedächnis bleiben wird.

Bevor wir uns mit der Bildgestaltung beschäftigen, werfen wir einen Blick auf die technischen und rechtlichen Aspekte bei der Verwendung von Bildern.

2.2.1 Bildauflösung

Bei Bildern wird, im Unterschied zu Vektorgrafiken, der Farbwert jedes Pixels gespeichert. Das Pixel[1] ist – wie Sie sicherlich wissen – das kleinste Bildelement, das ein Monitor oder Beamer darstellen kann. Pixel sind quadratisch und einfarbig.

Die Größe, genauer: *Auflösung*, eines Bildes ist durch die Angabe seiner Pixelzahl in der Breite und Höhe bestimmt. Das Produkt dieser beiden Zahlen ergibt die Gesamtzahl an Pixeln. Sie kennen diese Angabe der Digitalkamera, die z. B. einen Sensor mit 10 Megapixel hat und damit 10 Millionen Pixel pro Bild speichern kann.

Nun kommen wir zum Hauptnachteil von Bildern im Vergleich zu (Vektor-) Grafiken: Da die Bildgröße durch die Anzahl an Pixeln vorgegeben ist, dürfen Bilder nicht einfach vergrößert werden. Tun Sie dies dennoch, müssen Pixel hinzugerechnet werden, was die Bildqualität unter Umständen stark beeinträchtigt. Das Beispiel illustriert diesen Sachverhalt: Das Originalbild des Kaninchens **A** mit einer Auflösung von 350 x 200 Pixel wurde auf 700 x 400 Pixel vergrößert **B**. Natürlich erkennen Sie noch ein Kaninchen, vergleichen Sie dieses Bild aber mit Bild **C**, das eine „echte" Auflösung von 700 x 400 Pixel hat, dann sehen Sie, dass das großgerechnete Bild **B** qualitativ deutlich schlechter ist. Es gilt:

Vergrößerung
Die Vergrößerung von Bildern (von **A** nach **B**) führt zum Qualitätsverlust, da Pixel hinzugerechnet werden. Bild **C** zeigt das Bild zum Vergleich in Originalqualität.

> **Bildauflösung**
> Die maximale Größe eines Bildes (Fotos) ist durch seine Auflösung (Breite x Höhe in Pixel) bestimmt. Eine weitere Vergrößerung führt zum Qualitätsverlust.

Welche Auflösung ein Bild haben muss, hängt davon ab, in welcher Größe Sie es in Ihrer Präsentation einsetzen möchten. Ein formatfüllendes Bild benötigt bei einer Präsentation mit einem Full-HD-Beamer (siehe Seite 14) eine Auflösung von 1.920 x 1.080 Pixel.

1 Das Kunstwort Pixel steht für *picture element* (dt: Bildelement).

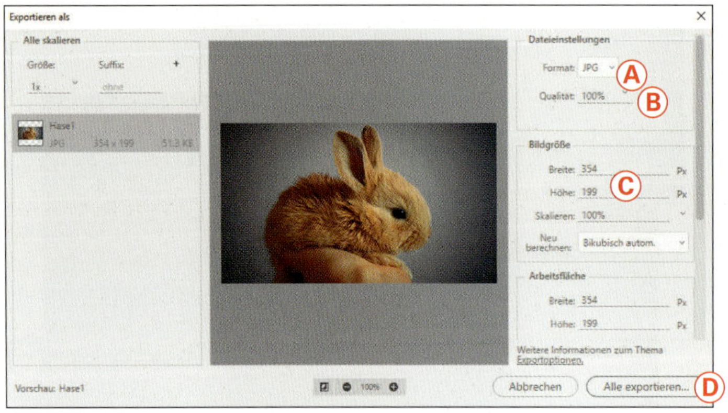

JPG-Export in Photoshop

2.2.2 Dateiformate

Der zweite technische Aspekt, den Sie bei der Bildrecherche berücksichtigen müssen, ist das Dateiformat. Für die Verwendung von Bildern in einer Präsentation kommen vor allem zwei Dateiformate zum Einsatz: JPG und PNG. Liegen Ihre Bilder in einem anderen Format vor, dann können sie unter Umständen nicht in die Präsentationssoftware importiert werden.

JP(E)G

JPG (oder: JPEG) ist das aktuell am weitesten verbreitete Dateiformat. Bilder, die Sie mit dem Smartphone, einer Digitalkamera aufnehmen, oder Bilder, die Sie aus Bildarchiven verwenden, liegen meistens in diesem Format vor.

JPG-Bilder können bis zu 16,7 Millionen Farben speichern. Die Besonderheit von JPG ist, dass die gewünschte Bildqualität beim Speichern gewählt werden kann. Je höher die Qualität ist, umso höher ist auch die Datenmenge. Die Datenmenge und damit Ladezeit spielt auf Webseiten eine wichtige Rolle, in Präsentationen jedoch nicht. Ihre Bilder sollten hierfür in maximaler Qualität vorliegen.

JPG-Export in Photoshop – Making of ...

1 Öffnen Sie das gewünschte Bild in Photoshop.

2 Wählen Sie im Menü *Datei > Exportieren > Exportieren als...*

3 Wählen Sie unter Format *JPG* **A** aus. Belassen Sie Qualitätseinstellung **B** auf 100 %, um die maximale Bildqualität zu erhalten.

4 Geben Sie die gewünschte Bildgröße **C** ein. Beachten Sie jedoch, dass – wie im letzten Abschnitt besprochen – eine Vergrößerung zu Qualitätseinbußen führt.

5 Klicken Sie auf *Alle exportieren...* **D** und geben Sie dem Bild danach den gewünschten Dateinamen.

PNG

PNG (sprich: Ping) wurde als lizenzfreie Alternative zu JPG (und GIF) entwickelt. Im Unterschied zu JPG komprimiert PNG die Bilder verlustfrei, so dass die Qualität der Originaldatei nicht verändert wird. Die Datenmenge ist dafür deutlich höher, was jedoch bei Präsentationen wie oben erwähnt keine Rolle spielt.

Auch PNG-Bilder besitzen den vollen Farbumfang von 16,7 Millionen Farben. Die Besonderheit von PNG ist jedoch, dass Sie Bilder mit einem transparenten Hintergrund abspeichern können. Man spricht hierbei von *freigestellten* Bildern. Für das Freistellen von Bildern bieten Bildbearbeitungsprogramme wie *Photoshop* eine Vielzahl von Möglichkeiten. Informationen hierzu finden Sie z. B. im Band *Digitales Bild* in dieser Buchreihe.

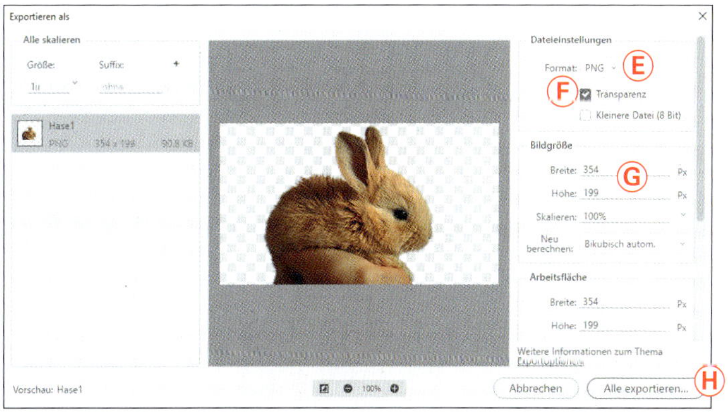

PNG-Export in Photoshop

PNG-Export in Photoshop – Making of…

1. Öffnen Sie das gewünschte Bild in Photoshop.
2. Wählen Sie im Menü *Datei > Exportieren > Exportieren als…*
3. Wählen Sie unter Format *PNG* **E** aus. Das Häkchen bei Transparenz **F** muss gesetzt werden.
4. Passen Sie die ggf. die Bildgröße **G** an.
5. Klicken Sie auf *Alle exportieren…* **H** und geben Sie dem Bild danach den gewünschten Dateinamen.

2.2.3 Bildrechte

Die Verwendung von Bildern in einer Präsentation betrifft mehrere Rechtsbereiche. Die größte Bedeutung kommt dabei dem *Urheberrecht* und dem *Recht am eigenen Bild* zu.

Urheberrechtsgesetz (UrhG)

Wenn Sie selbst fotografieren, dann werden Sie hierdurch zum Urheber Ihres Fotos (im Gesetz wird vom *Lichtbildwerk* gesprochen). Das Urheberrecht ist weder verkäuflich noch an andere übertragbar. Es erlischt erst 70 Jahre nach dem Tod des Urhebers. Sie können anderen jedoch ein Nutzungsrecht einräumen.

Verwenden Sie Bilder anderer, z. B. aus einer Bilddatenbank, dann ist zu klären, ob und unter welchen Bedingungen Sie diese Bilder nutzen dürfen. Zwei Fälle sind denkbar:

- Der Fotograf verlangt eine Nutzungsgebühr für seine Bilder.
- Der Fotograf stellt seine Bilder (eventuell mit gewissen Einschränkungen) kostenlos zur Verfügung. Diese Nutzungsbedingungen finden Sie weiter unten im Abschnitt Lizenzmodelle.

Recht am eigenen Bild

Das Recht am eigenen Bild ist ein Teil des Persönlichkeitsrechts. Es legt fest, dass Bilder nur mit der Einwilligung des Abgebildeten verbreitet und veröffentlicht werden dürfen. Bei Minderjährigen müssen die gesetzlichen Vertreter einer Verbreitung oder Veröffentlichung zustimmen. Es gibt jedoch drei Ausnahmen vom Recht am eigenen Bild:

- Wenn Personen sich bewusst sind, dass sie fotografiert werden, z. B. wenn sie demonstrieren, dann wird von einer stillschweigend erteilten Einwilligung ausgegangen.
- Eine Ausnahme vom Recht am eigenen Bild sind absolute Personen der Zeitgeschichte, z. B. Politiker, Schau-

Person der Zeitgeschichte

Winfried Kretschmann, Ministerpräsident von Baden-Württemberg, ist zweifellos eine Person der Zeitgeschichte.

Personen als „Beiwerk“

Hier wurde der Reichstag fotografiert, die Personen davor brauchen nicht um Einverständnis gefragt zu werden.

spieler oder Sportler. Zu einer Person der Zeitgeschichte wird z. B. auch ein Schulleiter, der eine Rede an der Abifeier hält.

- Personen, die nur zufällig mit im Bild sind, gelten als *Beiwerk*. Sie müssen ebenfalls nicht um Erlaubnis gefragt werden.

2.2.4 Bildrecherche

Im Unterricht erleben wir oft, dass zur Bildrecherche „mal schnell gegoogelt" wird. Prinzipiell ist gegen Google nichts einzuwenden, allerdings müssen Sie wissen, *wie* Sie suchen müssen. Bevor wir Ihnen dies im „Making of..." zeigen, stellen wir Ihnen die derzeit wichtigsten Lizenzmodelle vor.

Public Domain

Public Domain bedeutet auf Deutsch Gemeinfreiheit. Bilder, die mit dem links gezeigten Logos versehen sind, unterliegen keinerlei urheberrechtlichen Beschränkungen. Sie dürfen diese Bilder für Präsentationen aller Art verwenden und brauchen noch nicht einmal die Quelle anzugeben.

Creative Commons

Creativ Commons ist eine 2001 in den USA gegründete gemeinnützige Organisation. Ihr wichtigstes Ziel ist die Erhaltung des freien Austauschs von Inhalten im Internet, ohne die Rechte der Urheber zu verletzen. Creative Commons bietet dazu modular aufgebaute Lizenzverträge an, mit denen der Urheber abgestufte Rechte an seinem Werk vergeben kann. Hierzu kann er das CC-Icon (links unten) mit weiteren Icons kombinieren und somit bestimmen, wie sein Werk genutzt werden darf.

Ohne Einschränkung
(0 = public domain)

Namensnennung
(BY = by name)

Nicht-kommerzielle Nutzung
(NC = non commercial)

Keine Bearbeitung
(ND = no derivatives)

Gleiche Bedingungen
(SA = share alike)

Beispiele:

Ist ein Bild mit diesem Icon gekennzeichnet, dürfen Sie es verwenden, müssen jedoch den Namen des Urhebers nennen.

Ein Bild mit diesem Icon dürfen Sie für nichtkommerzielle Zwecke und unter Nennung des Urhebers verwenden. Die Angabe SA verlangt jedoch, dass Sie Ihr eigenes Werk (also die Präsentation) ebenfalls unter CC-Lizenz stellen.

Creative Commons ist das Lizenzmodell für Bilder aus Wikipedia, Wikimedia, YouTube und vielen anderen. Weitere Informationen sowie die Möglichkeit, die obigen Icons downzuloaden, finden Sie unter https://creativecommons.org/choose/.

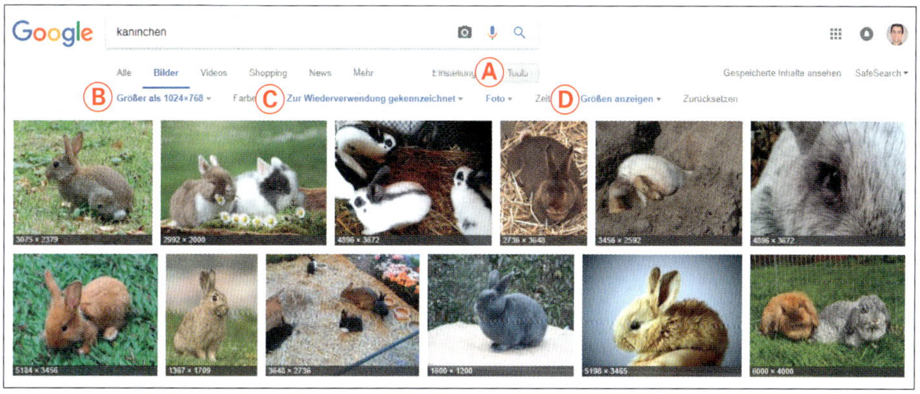

Google-Bildersuche

Über verschiedene Einstellungen können Sie eine sehr gezielte Suche nach Bildern durchführen, die Sie für Präsentationen verwenden dürfen.

Bildrecherche mit Google – Making of …

1 Öffnen Sie *Google* im Browser und klicken Sie auf *Bilder*.

2 Geben Sie den gewünschten Suchbegriff ein.

3 Klicken Sie auf *Tools* **A**, um die Suche einzugrenzen.

4 Geben Sie unter *Größe* **B** die benötigte Bildauflösung ein (siehe Seite 21).

5 Wählen Sie unter *Nutzungsrechte* **C** die gewünschte Lizenz. Es handelt sich dabei um die oben beschriebene CC-Lizenzen.

6 Unter *Weitere Tools* **D** können Sie sich die Bildauflösung am unteren Bildrand anzeigen lassen.

7 Klicken Sie auf das gewünschte Bild und danach auf den *Besuchen-Button*, um zur Webseite zu gelangen. Dort können Sie das Bild downloaden.

8 Handelt es sich um ein Bild, das gemäß CC-BY eine Namensnennung verlangt, speichern Sie bitte zusätzlich den Namen des Urhebers, den Titel sowie den Link zum Bild ab.

Bildarchive

Viele (Hobby-)Fotografen stellen ihre Bilder gemeinfrei (Public Domin, CC0) in Bildarchiven zur Verfügung. Bildarchive, die wir Ihnen für Ihre Bildrecherchen empfehlen können, sind:

- Pixabay (https://pixabay.com/de/)
- Unsplash (https://unsplash.com)
- Pexels (https://www.pexels.com/de/)

Das Kaninchen haben wir bei Pexels gefunden. Sie können es in unterschiedlichen Auflösungen downloaden **E**. Laden Sie es nicht größer als benötigt herunter, da Sie sonst die Datenmenge Ihrer Präsentation unnötig erhöhen.

Bildarchive

In Bildarchiven finden Sie lizenzfrei nutzbare Bilder in hoher Qualität und Auflösung.

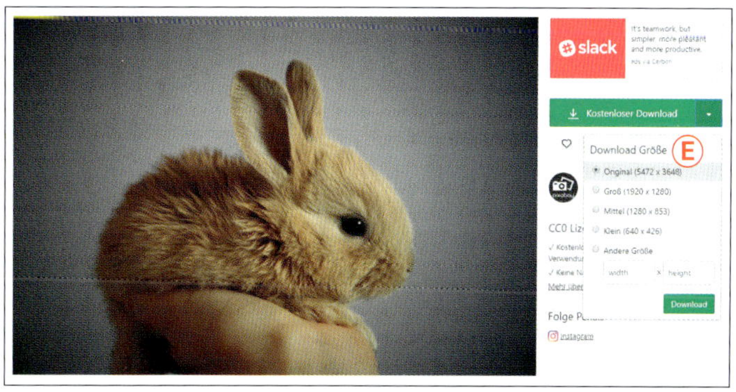

2.2.5 Bildgestaltung

Wie gelingt ist, Bilder so einzusetzen, dass sich hieraus ein Mehrwert für Ihre Präsentation ergibt? Ein solcher Mehrwert könnte sein, dass

- Ihre Präsentation interessant und abwechslungsreich wird,
- Ihr Publikum gespannt und aufmerksam zuhört bzw. zusieht,
- die von Ihnen vermittelten Inhalte länger im Gedächtnis bleiben.

Aus eigener Erfahrung wissen wir, dass die Suche nach geeigneten Bildern in der Regel Zeit kostet, die Sie bei der Vorbereitung einplanen müssen. Folgende Überlegungen sollen Ihnen dabei helfen, gute Bilder zu finden und diese wirkungsvoll „in Szene zu setzen".

Bildausschnitt

Je größer Bilder sind, umso größer ist auch ihre Wirkung. Auf Seite 19 können Sie dies nachvollziehen: Der Schmetterling kommt von oben nach unten immer besser zur Geltung.

Eine weitere Steigerung der Bildwirkung können Sie erreichen, wenn Sie das Bild nicht komplett zeigen, sondern einen Bildausschnitt wählen. Das Bildmotiv wird hierdurch nochmals vergrößert, unwichtige Bildteile werden weggelassen und der Blick des Betrachters wird auf spannende Details gelenkt. Das Beispiel illustriert diesen Sachverhalt: Im linken Bild füllt das Hauptmotiv – die Katze – lediglich etwa 10 % der Fläche aus. Die Hauswand und die Steinplatten sind nicht von Interesse. Rechts wird der Fokus auf die blauen Augen der Katze gelegt. Selbst der Kopf der Katze ist nicht komplett zu sehen, man spricht davon, dass das Bild *im Anschnitt* zu sehen ist.

Drittel-Regel

Eine einfache geometrische Hilfestellung bei der Bildgestaltung bietet die Drittel-Regel.

Die Horizontale und die Vertikale des Bildes werden jeweils in drei gleich große Bereiche aufgeteilt. Sie erhalten durch die Teilung neun Bildbereiche mit dem Seitenverhältnis des Gesamtformats. Weiterhin ergeben sich vier Schnittpunkte. Die bildgestalterische Idee besteht darin, das Hauptmotiv in einem dieser Schnittpunkte zu platzieren. Hierdurch ergibt sich eine Asymmetrie, die dem Bild Spannung und Dynamik verleiht.

Bei vielen Digitalkameras können Sie das Raster der Drittel-Regel im Display einblenden. Dies ermöglicht Ihnen, schon bei der Aufnahme den Bildaufbau zu berücksichtigen.

Ein Katzenbild ist noch nichts besonderes, ...

... das herrliche Blau der Augen schon.

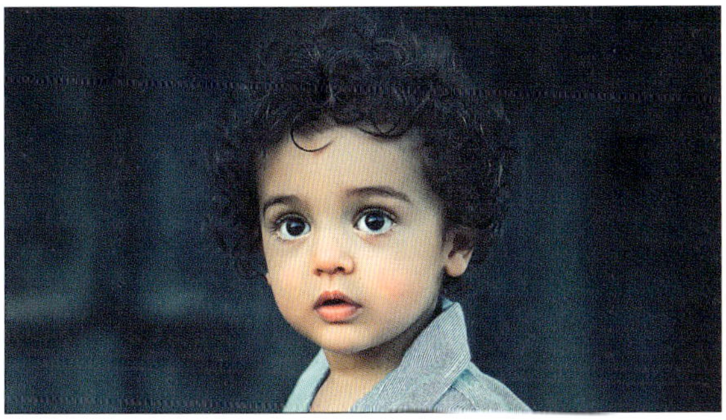

Symmetrie wirkt oft langweilig.

Asymmetrie verleiht dem Bild Dynamik.

Das Gesicht links oben wurde mittig platziert. Wie Sie am Katzenbild auf der linken Seite unten sehen, kann Symmetrie durchaus reizvoll sein. Meistens bevorzugen es Fotografen jedoch, das Hauptmotiv aus der Bildmitte zu verschieben. Im Bild rechts oben befinden sich die Augen im Schnittpunkt der linken und der oberen Linie. Da das Kind nach rechts schaut, wird der freie Raum hierdurch in Blickrichtung der Augen verstärkt.

Freigestellte Bilder

Unter einem *Freisteller* versteht man ein Bild, dessen Hintergrund entfernt wurde. Um eine gute Freistellung zu erzielen, ist eine Bildbearbeitungssoftware wie Photoshop erforderlich.

Einfache Freisteller sind auch mit PowerPoint möglich. Diese reichen qualitativ natürlich nicht an eine Bildbearbeitungssoftware heran, erfüllen aber für eine Folie, die ja nur wenige Sekunden oder Minuten zu sehen ist, unter Umständen ihren Zweck.

Am Beispiel erkennen Sie die Wirkung freigestellter Bilder: Links sind Text und Bild zwar inhaltlich verbunden (Text „We need you!“ und Frau, die ins Publikum zeigt), optisch aber klar voneinander getrennt.

Rechts wurde der (unnötige) einfarbige Hintergrund entfernt, so dass Text und Bild optisch zu einer Einheit wurden – man spricht von einer gelungenen Text-Bild-Integration.

Text und Bild sind inhaltlich verbunden, optisch getrennt.

Text und Bild ergeben eine optische Einheit.

2.3 Grafiken

Grafiken sind in Präsentationen – wie Bilder auch – nicht schmückendes Beiwerk, sondern wichtige Elemente der visuellen Kommunikation. Grafiken kommen in Präsentationen in unterschiedlicher Form zum Einsatz, z. B.:

- Logo der Institution, für die Sie präsentieren
- Kreis-, Linien- oder Balkendiagramme
- Schaubilder, Blockschaltbilder oder andere Infografiken
- technische Illustrationen

2.3.1 Vektoren statt Pixel

Im letzten Kapitel haben wir – etwas unpräzise – von Bildern gesprochen. Genauer spricht man von *Pixel- oder Rastergrafiken*, weil jedes Pixel einzeln abgespeichert wird.

Grafiken, genauer: *Vektorgrafiken*, unterscheiden sich grundlegend von Pixelgrafiken, da sie nicht pixelweise gespeichert werden. Die Beschreibung der Elemente einer Vektorgrafik erfolgt mathematisch. Für einen Kreis wird beispielsweise sein Mittelpunkt, Radius sowie seine Füllfarbe gespeichert. Mit Hilfe sogenannter *Bézierkurven* lassen sich nicht nur geometrische Objekte, sondern beliebige Formen beschreiben, z. B. Buchstaben.

Erst für die Darstellung der Vektorgrafik auf dem Monitor oder Beamer wird sie gerastert, also in Pixel umgerechnet. Hierdurch ergibt sich ein großer Vorteil: Vektorgrafiken können Sie in beliebiger Größe verwenden. Über die Auflösung brauchen Sie sich keine Gedanken zu machen, die Bildqualität bleibt immer gleich hoch.

Da es sich auch bei den Buchstaben einer Schrift um Vektorgrafiken handelt, können Sie auch Schriften beliebig skalieren, also ohne Qualitätsverlust verkleinern oder vergößern.

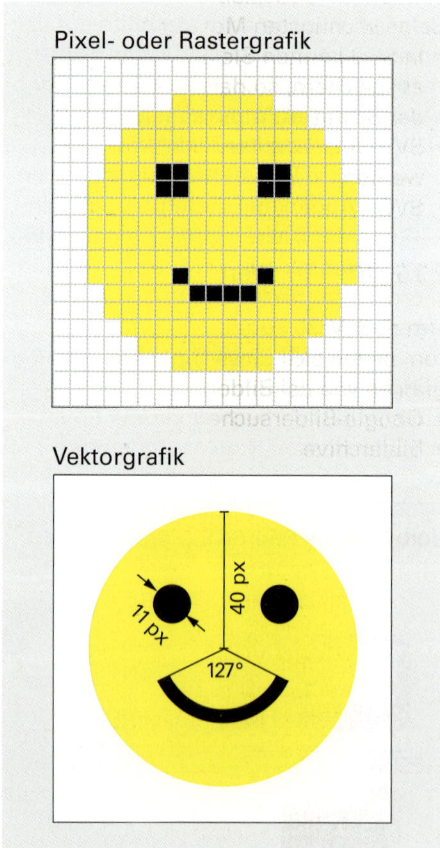

Pixelgrafik – Vektorgrafik

Die Formen und Linien einer Vektorgrafik werden mathematisch beschrieben.

2.3.2 SVG-Format

Um Grafiken erstellen und für die Verwendung in Ihrer Präsentation exportieren zu können, benötigen Sie eine Software zur Grafikerstellung. Die größte Verbreitung besitzt *Adobe Illustrator*. Auf die Erstellung eigener Vektorgrafiken mit *Adobe Illustrator* gehen wir im Band *Zeichen und Grafik* in dieser Buchreihe ein.

Aktuell gibt es nur ein Vektorgrafikformat, das Sie für Ihre Präsentationen (oder auf Webseiten) verwenden können: *SVG (Scalable Vector Graphic)*. Seine wichtigsten Merkmale sind:

- In SVG können Sie Schriften als Pfade abspeichern, so dass der Zeichensatz der Schrift nicht mehr erforderlich ist.
- SVG-Vektorgrafiken können animiert werden.
- SVG kann Pixelgrafiken einbinden.

2.3.3 Grafikrecherche

Um nach Vektorgrafiken zu recherchieren, bieten sich dieselben Suchstrategien an wie bei Bildern:

- Google-Bildersuche
- Bildarchive

Grafikrecherche mit Google – Making of...

1. Öffnen Sie *Google* im Browser und klicken Sie auf *Bilder*.
2. Geben Sie den gewünschten Suchbegriff ein, hier: Computer.
3. Klicken Sie auf *Einstellungen* **A**, und danach auf *Erweiterte Suche*.
4. Scrollen Sie nach unten und wählen Sie unter Dateityp *SVG-Dateien* aus.
5. Wählen Sie unter *Nutzungsrechte* **B** die gewünschte Lizenz.
6. Klicken Sie auf das gewünschte Bild und danach auf den *Besuchen-Button*, um zur Webseite zu gelangen. Dort können Sie das Bild downloaden.
7. Handelt es sich um eine Grafik, die gemäß CC-BY eine Namensnennung verlangt, speichern Sie bitte zusätzlich den Namen des Urhebers, den Titel sowie den Link zum Bild ab.

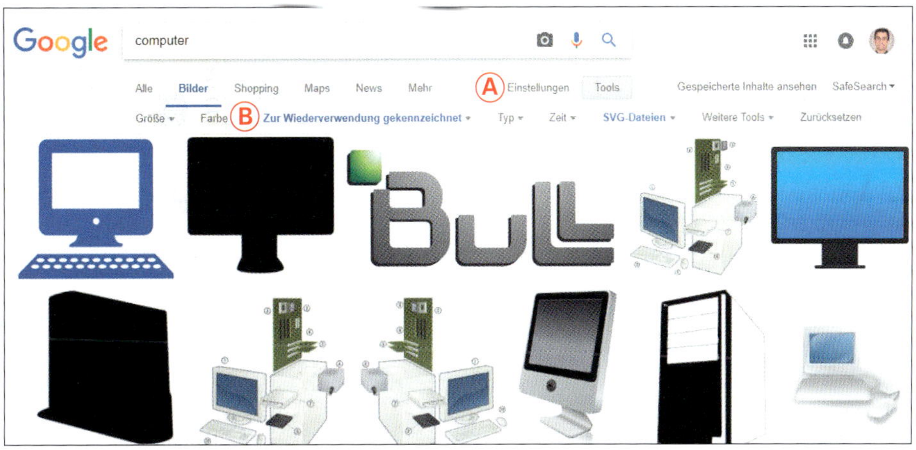

Google-Grafiksuche

Die Auswahl an Vektorgrafiken ist je nach Suchbegriff nicht sonderlich groß – ein Versuch lohnt sich jedoch.

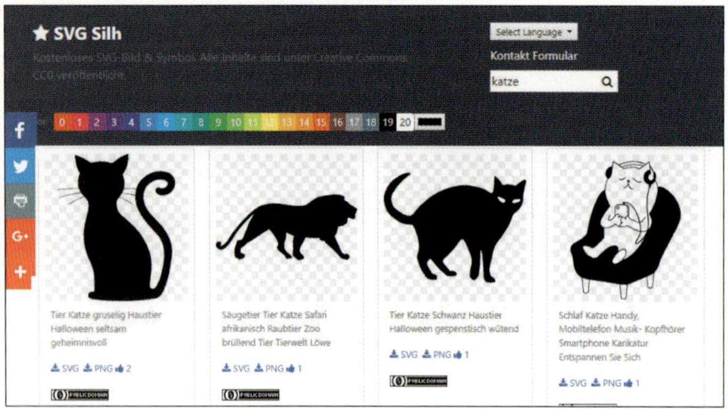

Silhouetten

Die Webseite bietet Silhouetten zu Motiven aller Art an. Die gewünschte Farbe können Sie wählen.

Bildarchive

Auch für Vektorgrafiken gibt es Bildarchive im Web, die eine kostenlose Nutzung von Grafiken gemäß CC0-Lizenz ermöglichen. Beispiele:

- Pixabay (https://pixabay.com/de/)
  Auf der Startseite können Sie rechts des Eingabefeldes die Option *Vektorgrafiken* oder *Illustrationen* wählen.
- SVGSilh (https://svgsilh.com/de/)
  Das SVG-Archiv stellt Silhouetten von Motiven bereit. Die gewünschte Farbe können Sie wählen.

2.3.4 Diagramme

Zur Visualisierung von Daten eignen sich Diagramme. Da sie direkt in der Präsentationssoftware erstellt werden, finden Sie das „Making of…" auf Seite 54. An dieser Stelle gehen wir kurz auf die wichtigsten Diagrammarten ein.

Balken-/Säulendiagramm

Balken- bzw. Säulendiagramme eignen sich zur vergleichenden Darstellung. Je nach Anzahl der Werte sowie der Art und Größe der Beschriftung eignet sich die horizontale Darstellung (Balkendiagramm) oder die vertikale Darstellung (Säulendiagramm) besser.

Liniendiagramm

Liniendiagramme zeigen Entwicklungen über einen bestimmten Zeitraum, so z. B. die Entwicklung der Einwohnerzahl einer Stadt oder die Entwicklung des deutschen Aktienindex DAX.

Kreis- oder Tortendiagramm

Kreis- oder Tortendiagramme sind nur geeignet, wenn die Gesamtheit aller Anteile 100 % ergibt.

Das Beispiel zeigt das Ergebnis der Bundestagswahl im Jahr 2017. Die Gesamtheit aller gültigen Stimmen ergibt 100 % und verteilt sich auf die Parteien.

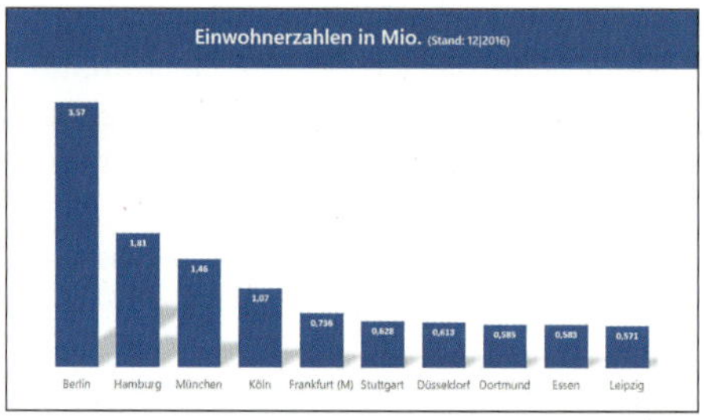

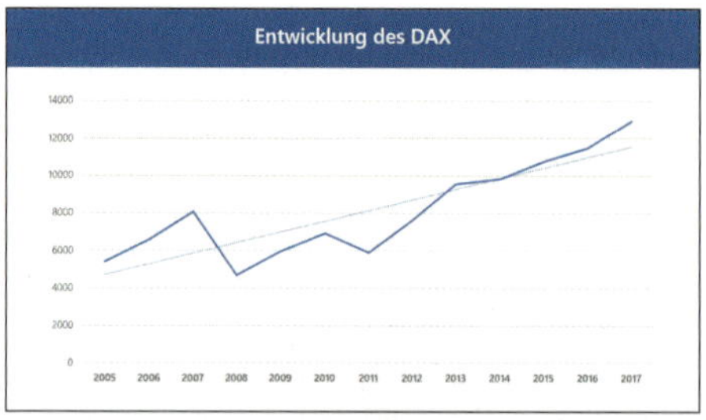

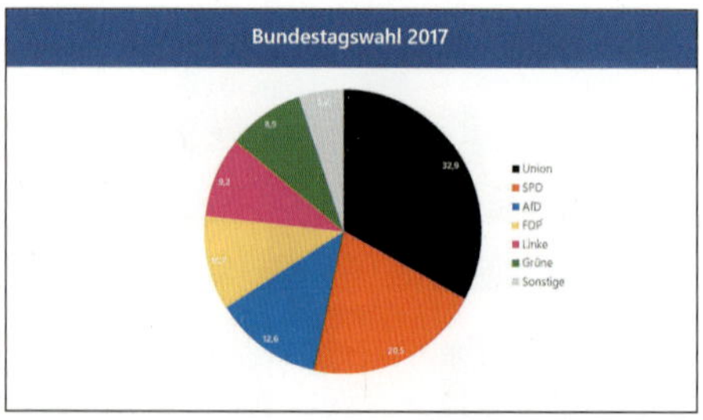

Diagramme

Die Auswahl des Diagrammtyps ist nicht beliebig, sondern hängt von der Art der Daten ab.

2.4 Zeichnen

Derzeit gibt es einen Trend weg von steril wirkender, unpersönlicher Computergrafik und hin zu handschriftlichen Skizzen und Zeichnungen. *Visual Facilitation* wird eine Technik bezeichnet, bei der die Inhalte einer Präsentation oder Diskussion live mitgezeichnet werden und sich auf diese Weise ein visuelles Protokoll ergibt.

Sie können zeichnen – trauen Sie sich! Ob auf dem Whiteboard, Flipchart, Metaplan oder digital auf dem Tablet, eigene Zeichnungen sind ein unverzichtbarer Teil der visuellen Kommunikation.

2.4.1 Geometrische Grundformen

Die Verwendung von geometrischen Grundformen in der Visualisierung soll Ihrem Publikum klare Strukturen und Orientierung bieten. Sachverhalte werden gegliedert, miteinander verknüpft oder als Gegensätze dargestellt. Wenn Sie ein paar einfache Grundregeln beachten, wirken Ihre Zeichnungen professionell und eigenständig.

Linien und Pfeile – Making of ...
Linien verbinden Flächen und Illustrationen, dienen als Achsen von Diagrammen, bilden die Grundform für Pfeile ...

1 Zeichnen Sie Linien und Pfeile möglichst gerade.

2 Achten Sie auf einheitliche Längen und Pfeilspitzen.

3 Zeichen Sie Linienanschlüsse geschlossen oder überzeichnet.

Flächen – Making of ...
Flächen dienen als Textfelder, symbolisieren Stationen im Ablaufdiagramm, in Schaubildern ...

Zeichnen
Eigene Zeichnungen verleihen Ihrer Präsentation eine persönliche Note. Wenn Sie mit einem Tablet präsentieren, können Sie auch in digitalen Präsentationen zeichnen.

1 Schließen oder überzeichnen Sie die Ecken. Offene Ecken bilden keine Fläche, sie wirken unfertig und schlampig.

2 Zeichnen Sie runde Formen in einem Schwung. Runde Formen müssen Sie nicht geschlossen zeichnen.

3 Achten Sie auf einheitliche bzw. deutlich unterscheidbare Größen.

4 Zeichnen Sie gleich bedeutende Flächen auch gleich groß.

5 Quetschen Sie Text nie in einen Rahmen. Schreiben Sie zuerst den Text und umrahmen Sie ihn danach.

6 Achten Sie bei einer Reihung von Flächen auf gleichmäßige Abstände.

2.4.2 Objekte und Menschen

Die Welt ist komplex – wie schaffen wir es, sie zeichnerisch zu vereinfachen und trotzdem das Wesentliche zu bewahren?

Reduzieren Sie die komplexen Strukturen auf einfache geometrische Grundformen. Fast alle Dinge lassen sich auf die Grundformen Kreis/Kugel, Rechteck/Quader und Dreieck/Kegel zurückführen.

Making of …

1 Suchen Sie sich zur Übung Vorlagen aus einer Clipart-Sammlung oder aus Symbol-Zeichensätzen wie beispielsweise Webdings.

2 Versuchen Sie nicht, die Vorlagen exakt nachzuzeichnen, sondern entwickeln Sie Ihren eigenen Zeichenstil.

Objekte und Menschen zeichnen

Zur Übung bietet es sich an, Cliparts als Vorlagen zu nehmen.

2.5 Schriften

Vielleicht werden Sie bei Ihrer Präsentation auf Text komplett verzichten und ausschließlich Bilder und Grafiken zur Visualisierung heranziehen. Dann können Sie dieses Kapitel überspringen.

Andererseits ist es sinnvoll, zentrale Stichworte oder Aussagen nicht nur auszusprechen, sondern schriftlich darzustellen. Das gesprochene Wort ist nach Sekunden vorbei, die visuelle Darstellung hingegen ist immer längere Zeit zu sehen. Dies erhöht die Chance, dass Ihre Botschaft beim Publikum im Gedächtnis bleibt.

Bevor wir uns die typografischen und gestalterischen Regeln in Bezug auf Schrift und Text ansehen, betrachten wir – wie bei Bildern und Grafiken auch – zunächst die technischen Aspekte.

2.5.1 Schriftdarstellung

Leider gibt es einige Stolpersteine, die Sie aus dem Weg räumen müssen, bevor Sie mit der gewünschten Schrift präsentieren können.

Beamerauflösung

Die Qualität der Schriftdarstellung wird durch die Auflösung des Beamers bestimmt. Wie Sie auf Seite 14 nachlesen können, beträgt die Auflösung aktueller Beamer meistens 1.920 x 1.080 Pixel *(Full HD)*. Ist die Projektionsfläche beispielsweise 2 m breit, so lässt sich berechnen, wie viele Pixel der Beamer pro cm bzw. Inch[1] darstellen kann.

$$\begin{aligned} A &= 1.920\,px : 2\,m \\ &= 1.920\,px : 200\,cm \\ &= 9{,}6\,ppcm \qquad | \cdot 2{,}54 \\ &= 24{,}3\,ppi \end{aligned}$$

1 In der Medientechnik wird üblicherweise mit Dots per Inch (dpi) oder Pixel per Inch (ppi) gerechnet. Ein Inch entspricht 2,54 cm.

Rasterung von Schrift

Je feiner die Details einer Schrift sind (Times **A**), umso schlechter ist sie im groben Raster eines Beamers darstellbar.

Schriften mit gleichbleibender Strichstärke (Arial **B**) kommen dem Original näher.

Im Vergleich dazu ist die Auflösung im Druck mit z. B. 300 dpi etwa zwölfmal höher als die Auflösung des Beamers.

Die Grafik oben illustriert die unterschiedliche Darstellung auf dem Beamer im Vergleich zum Druck. Dabei wirkt sich der Qualitätsverlust bei der Druckschrift *Times* **A** deutlich stärker aus als bei der Bildschirmschrift *Arial* **B**, weil die Buchstaben der *Times* wesentlich detaillierter sind. Sie sehen dies vor allem an den mit roten Kreisen gekennzeichneten Stellen. Da die Strichstärke *(Duktus)* der *Arial* überall gleich ist, passt sich diese besser ins grobe Raster des Beamers ein.

Schriftauswahl

- Wählen Sie eine Grundschrift, bei der alle Buchstaben eine einheitliche Strichstärke besitzen.
- Für Überschriften oder kurze Texte können Sie auch Serifen-, Schreib- oder Schmuckschriften wählen, wenn die Schriftgröße groß genug ist.

Systemschriften (unter Windows)	
Arial	Ich bin ein Blindtext ohne jeglichen Sinn.
Calibri	Ich bin ein Blindtext ohne jeglichen Sinn.
Century Gothic	Ich bin ein Blindtext ohne jeglichen Sinn.
Segoe UI	Ich bin ein Blindtext ohne jeglichen Sinn.
Trebuchet MS	Ich bin ein Blindtext ohne jeglichen Sinn.
Verdana	Ich bin ein Blindtext ohne jeglichen Sinn.

Systemschriften

Da Präsentationsprogramme Schriften nicht einbinden können, muss eine Systemschrift verwendet werden.

Systemschriften

Unter Systemschriften versteht man die Schriften, die mit dem Betriebssystem installiert werden. Ein Präsentationsprogramm greift auf diese Schriften zu. Problematisch wird es, wenn Sie weitere Schriften installiert haben, die *keine* Systemschriften sind. Präsentieren Sie auf einem anderen Rechner, dann fehlt dort diese Schrift und wird durch eine Systemschrift ersetzt. Ihr schönes Layout ist dahin. Treffen Sie deshalb eine der folgenden Maßnahmen, damit Ihre Schriften korrekt dargestellt werden.

- Beschränken Sie sich auf Systemschriften, also Schriften, die zusammen mit dem Betriebssystem installiert wurden (Beispiele siehe Tabelle).
- Nehmen Sie, wenn möglich, immer Ihren eigenen Laptop mit. Dies gilt vor allem dann, wenn Sie Ihre Präsentation am „Mac" erstellt haben. Apple verwendet andere Systemschriften als Windows.
- Exportieren Sie Ihre Präsentation immer auch als PDF, da dieses Format Schriften einbindet. Sie haben dann einen „Plan B" in der Tasche, falls die von Ihnen verwendete Schrift auf dem Zielrechner fehlt.

2.5.2 Schriftcharakter

Nach den technischen Einschränkungen ist die Gefahr groß, dass Sie die „Schere im Kopf" bei der Schriftauswahl behindert. Bitte gehen Sie einfach einmal davon aus, dass alle Schriften verwendet werden können, und betrachten Sie die Schriftbeispiele unten *links*. Wie empfinden Sie die Schriftwahl? Passt sie zur inhaltlichen Aussage?

Schriftcharakter

Bei den Beispielen links passen die gewählte Schrift und die inhaltliche Aussage nicht zusammen. Rechts ist dies bessser gelungen.

Kindergarten
Straßenbau
Gasthaus Adler
Werbeagentur
Blumenladen
Zeitungsartikel

Kindergarten
Straßenbau
Gasthaus Adler
Werbeagentur
Blumenladen
Zeitungsartikel

Sie werden zustimmen, dass *Schriftcharakter* und inhaltliche Aussage nicht zusammenpassen: Eine Werbeagentur würde keine altmodisch wirkende (Fraktur-)Schrift wählen, für den Straßenbau eignet sich keine feine und schmale Schrift, ein Zeitungsartikel in einer Schreibschrift wäre nicht lesbar usw.

Eine gut gewählte Schrift stellt einen visuellen Bezug zum Inhalt her und steht nicht im Widerspruch dazu. Rechts erhalten wir durch Tausch der Schriften eine deutlich bessere Lösung.

Um ein Gefühl für die Wirkung von Schriften zu bekommen, können Sie ein Polaritätsprofil einsetzen. Es dient dazu, Schriften durch Zuordnung von Adjektiven zu beschreiben. Die Verbindungslinie aller Punkte ergibt Ihr individuelles Polaritätsprofil (siehe rote Linie als Beispiel). Befindet sich die Linie überwiegend auf der rechten Seite, dann ist die Schrift ungeeignet. Ziel ist es, Schriften zu finden, deren Bewertung eher im linken Bereich des Profils liegt.

Fazit: Wenn es Ihnen gelingt, eine Schrift zu finden, die zum Thema und Inhalt Ihrer Präsentation passt, dann ist dies die ideale Lösung. Die Beispiele sollen als Anregung dienen.

Polaritätsprofil einer Schrift

Schriftbeispiel	Ich bin ein Blindtext ohne Sinn.					Schrift: Curlz MT
seriös				•		kindisch
interessant		•				langweilig
leserlich				•		unleserlich
elegant					•	billig
zeitgemäß		•				altmodisch
ausgeglichen				•		unruhig
zum Thema passend				•		ungeeignet
ansprechend			•			unangenehm
schlicht					•	übertrieben

Polaritätsprofil

Die rote Linie zeigt ein mögliches Ergebnis.

Schrift – Inhalt

Bei den Beispielen wurden Schriften gewählt, die die inhaltliche Aussage unterstützen.

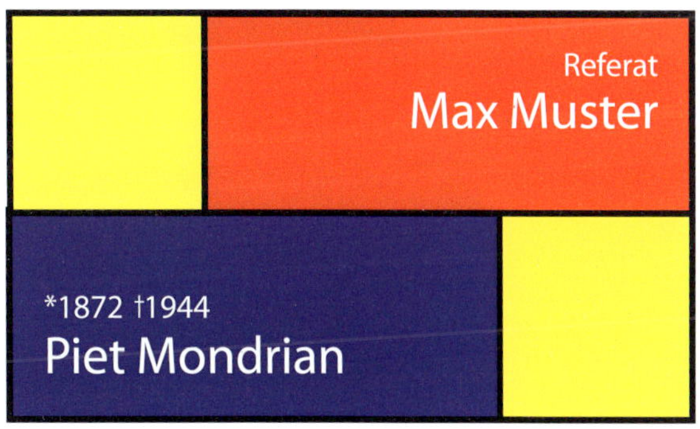

2.5.3 Weniger ist mehr

Sie kennen dies: Präsentationen mit etlichen Spiegelstrichen auf jeder Folie. Vor allem in Hochschulen eine leider immer noch weit verbreitete Lehrmethode. Spätestens nach der dritten Folie hat das Publikum vergessen, was auf der ersten Folie stand!

Auf Text werden Sie in Ihren Präsentationen kaum verzichten können. Beachten Sie jedoch, dass Sie es sind, der mit Worten kommuniziert und nicht Ihr Präsentationsmedium. Die Präsentation dient Ihnen und Ihrem Publikum zur visuellen Unterstützung der Sprache. Dabei sind Bilder, Grafiken, Farben und Animationen eindrucksvoller als Text.

Ist die Textmenge auf einer Folie groß, dann muss sich der Zuhörer zwangsläufig entscheiden, ob er zuhören oder den Text lesen soll. Beides geht nicht, es sei denn, der Text wird abgelesen. Dies macht die Sache aber nicht besser.

Auf der linken Folie steht alles, was gesagt werden könnte. Wozu ist der Präsentator überhaupt da? Um vorzulesen? Das Publikum käme sich blöd vor. Im rechten Beispiel bleibt alles offen. Das Publikum muss zuhören, um Informationen zu erhalten. Die wenigen Schlagworte, ergänzt durch das große Foto, dienen zur Veranschaulichung und unterstützen den Vortragenden, ohne ihn zu ersetzen. Benötigt das Publikum die Informationen auf der linken Seite, dann muss ein Handout erstellt werden.

2.5.4 Lesbarkeit

Neben dem Schriftcharakter ist eine optimale Lesbarkeit das oberste Gebot für die Verwendung einer Schrift. Die Schrift einer Präsentation muss von jedem Platz im Raum lesbar sein – auch aus der hintersten Reihe.

Schriftgröße
In vielen Büchern über Präsentationen steht, dass die Schrift groß genug sein muss, um überall lesbar zu sein. Was aber heißt „groß genug“? Die Frage ist nicht pauschal zu beantworten, denn sie hängt von zwei Faktoren ab:

- Raumgröße
- Größe der Projektionsfläche

Zur Beantwortung der Frage, wie groß eine Schrift sein muss, brauchen wir den Strahlensatz aus der Physik:

Betrachten wir einen Monitor mit einer Breite von 0,3 m (siehe Grafik rechts oben). Wenn wir vor diesem Monitor im Abstand von 0,5 m sitzen, dann können wir eine Schrift in 10 pt sehr gut lesen. Um die Schrift aus größerem Abstand

Lesen oder lieber zuhören?

Stichworte ergänzen das gesprochene Wort.

lesen zu können, muss sie vergrößert werden, bei doppeltem Abstand um das Doppelte, bei zehnfachem Abstand um das Zehnfache. Um die für diese Projektion erforderliche Schriftgröße berechnen zu können, betrachten wir das Verhältnis von Monitorbreite (0,3 m) zur Projektionsbreite. Insgesamt ergibt sich die Formel:

Schriftgröße π

$$\text{Schriftgröße} = 6 \cdot \frac{\text{Raumgröße [m]}}{\text{Projektionsbreite [m]}} \text{ [pt]}$$

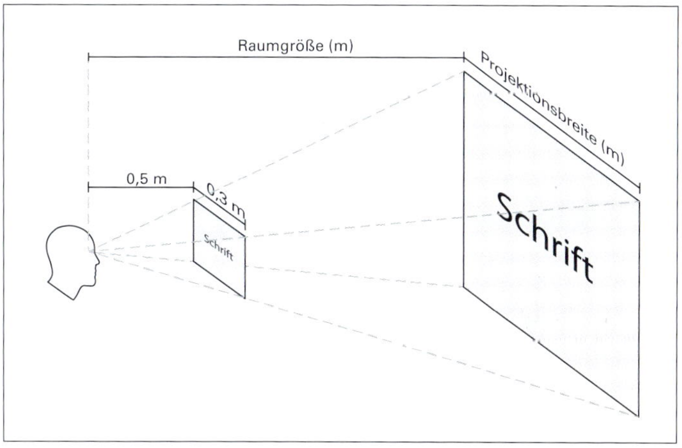

Schriftgröße

Je weiter der Zuschauer entfernt ist, umso größer muss die Schrift gewählt werden.

Beispiele:

- Bei einer Raumgröße von 10 m und einer Projektionsbreite von 2 m ergibt sich:

```
Schriftgröße = 6·10m:2m
             = 30pt
```

- Die Schriftgröße von 30 pt ergibt sich auch, wenn der Raum doppelt so groß ist (20 m), die Projektionsbreite aber auch doppelt so groß ist (4 m).
- Die Schriftgröße muss auf 40 pt vergrößert werden, wenn die Leinwand im 20-m-Raum nur 3 m breit ist.

Zeilenabstand

Der Zeilenabstand (kurz: ZAB) ist der Abstand zwischen zwei Schriftgrundlinien. Er beträgt standardmäßig 120 % der Schriftgröße, also bei einer 30-pt-Schrift 36 pt. Bei einer schmalen oder hohen Schrift kann es sinnvoll sind, den Zeilenabstand etwas zu vergrößern, z.B. auf 150 % (Einstellung: 1,5). Wird der Zeilenabstand zu groß gewählt, dann fällt der Text optisch auseinander:

Beim Text im linken Beispiel ist dies der Falle, er muss Zeile für Zeile gelesen werden. Den Text rechts nehmen wir nach dem *Gesetz der Nähe* als Einheit wahr.

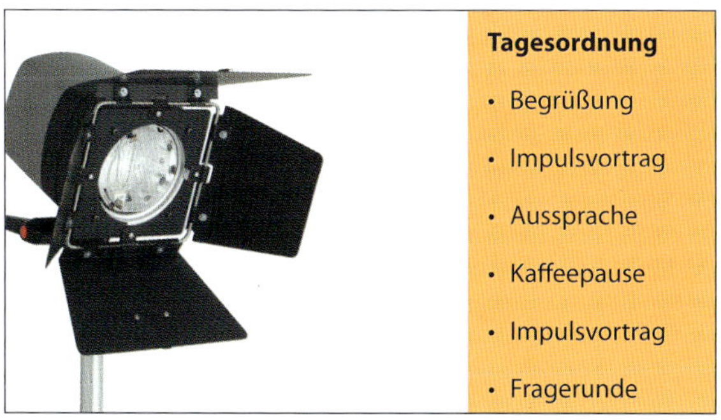

Die Zeilen sind zu weit auseinander.

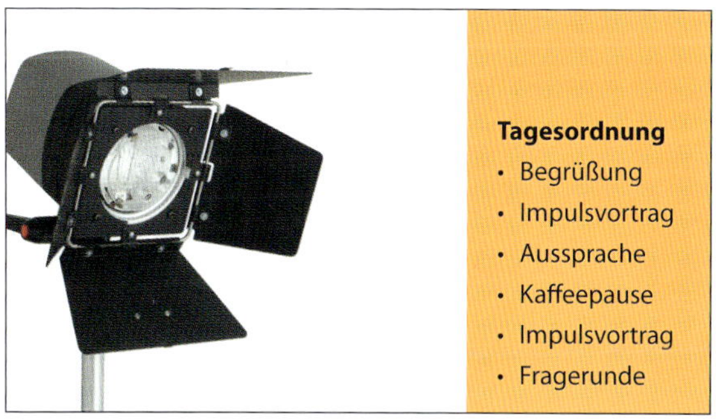

Hier ergibt der Text eine zusammenhängende Einheit.

Das Lesen langer Zeilen ist mühsam.

Kurze Zeilen verbessern die Lesbarkeit deutlich.

Zeilenlänge

Beim Lesen eines Textes folgen wir der (unsichtbaren) Grundlinie der Schrift. Je länger eine Zeile wird, umso leichter kann das Auge in der Zeile verrutschen. Aus diesem Grund dürfen Zeilen nicht zu lang sein. Für Bildschirmpräsentationen gilt, dass eine Zeile maximal fünfzig Zeichen (Buchstaben plus Leerzeichen plus Satzzeichen) enthalten sollte.

Im Beispiel oben links sehen Sie, dass lange Zeilen nicht auf einen Blick erfasst werden können. Es besteht die Gefahr, dass wichtige Informationen überlesen werden.

Durch die Aufteilung der Headline auf drei Zeilen und durch eine größere Schrift in der mittleren Zeile (Thema der Präsentation) kann der Text im rechten Beispiel auf einen Blick wahrgenommen werden.

Satzarten

Als Satzart wird die Ausrichtung des Textes am linken und rechten Seitenrand bezeichnet. Hierbei werden vier Satzarten unterschieden:

- Linksbündiger Flattersatz ist sehr gut lesbar und wird häufig verwendet. Er kommt auch bei Aufzählungen zum Einsatz.
- Rechtsbündigen Flattersatz können Sie einsetzen, um einen Text am rechten Rand der Folie oder an einer linken Bildkante bündig auszurichten. Für längere Texte eignet er sich nicht, weil das Auge in jeder Zeile den Zeilenanfang suchen muss.
- Mittelachsensatz eignet sich insbesondere für Überschriften oder für kurze Texte. Längere Texte werden nicht auf Mittelachse gesetzt.
- Blocksatz wird für Mengentext in Zeitungen oder Büchern verwendet, für Präsentationen ist er ungeeignet.

Satzarten

Die Satzart beschreibt die Ausrichtung des Textes am linken und rechten Rand.

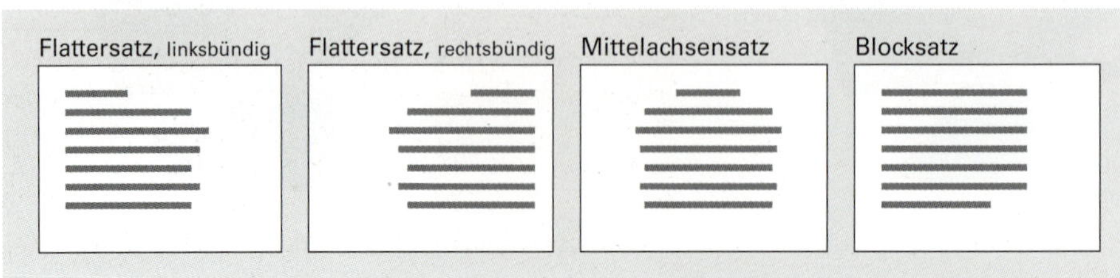

2.5.5 Handschrift

In unserer von digitalen Medien beherrschten Gesellschaft verliert Hand schrift immer mehr an Bedeutung: E-Mails statt Briefe, WhatsApp statt Haftzettel, Beamerpräsentationen statt Tafelbilder. Dennoch sprechen wir in diesem Buch ganz bewusst nicht nur über digitale Präsentationen. Die analogen Medien besitzen eine Reihe von Vorteilen (siehe Seite 72ff) und können digitale Präsentationen ergänzen oder vielleicht sogar ersetzen.

Mit Ihrer Handschrift geben Sie einer Präsentation eine individuelle und persönliche Note. Sie wird zu etwas Besonderem, das nicht einfach kopiert und wiederholt werden kann. Mit Ihrer Schrift geben Sie wie durch Ihre Sprache etwas über Ihren Charakter preis und schaffen hierdurch einen persönlichen Bezug zu Ihrem Publikum. Mit einer schönen Handschrift werden Sie Ihr Publikum begeistern.

Lesbarkeit
Wie bei digitalen Schriften ist auch bei einer Handschrift die Lesbarkeit oberstes Gebot. Folgende Regeln verbessern die Lesbarkeit Ihrer Schrift:

- Schreiben Sie grundsätzlich in einer Druckschrift (siehe Vorlage rechts oben), da diese besser lesbar ist als eine Schreibschrift.
- Passen Sie die Schriftgröße an die Raumgröße an.
- Achten Sie darauf, dass alle Großbuchstaben und alle Kleinbuchstaben eine einheitliche Größe haben.
- Sorgen Sie für einen gleichmäßigen Zeilenabstand. Tipp: Zeichnen Sie feine Hilfslinien vor.
- Achten Sie darauf, dass die Strichstärke Ihrer Stifte groß genug ist.
- Setzen Sie Farbe gezielt ein.

Hamburger Druckschrift
Druckschrift ist besser lesbar als Schreibschrift.

- Üben Sie das Schreiben vor Ihrer Präsentation. Benutzen Sie die Hamburger Druckschrift als Vorlage.

Schriftgröße
Auf Seite 37 haben wir uns mit der Frage beschäftigt, wie groß eine Bildschirmschrift in Abhängigkeit von der Projektionsfläche und Raumgröße sein muss. Dieselbe Überlegung stellen wir jetzt für geschriebene Schriften an.

Eine typische Handschrift mit einer Größe von 0,8 cm betrachten wir aus einem Abstand von etwa 40 cm. Aus größerer Entfernung muss die Schrift entsprechend größer geschrieben

Schriftgröße
Auch bei Handschrift ist die erforderliche Größe der Schrift vom Abstand der Zuschauer abhängig.

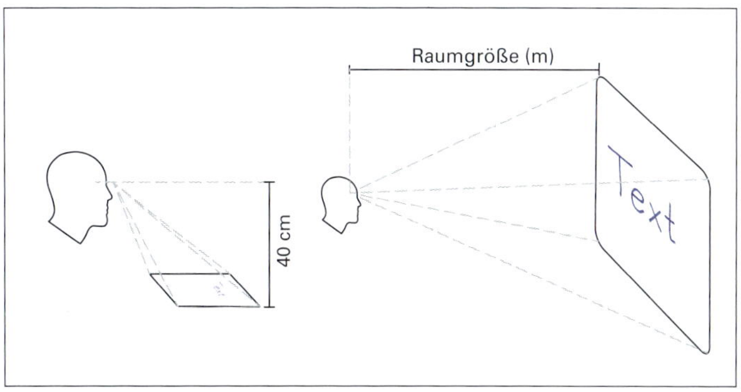

werden, damit sie lesbar bleibt. Die nun erforderliche Schriftgröße in cm können Sie abschätzen, indem Sie die Raumgröße mit zwei multiplizieren.

Schriftgröße bei Handschrift π

$$\text{Schriftgröße} = 2 \cdot \text{Raumgröße [cm]}$$

Beispiel:
Bei einer Raumgröße von 10 m ist eine Schriftgröße von 20 cm erforderlich, damit Ihre Schrift auch aus der letzten Reihe optimal lesbar ist.

Strichstärke
Das Beispiel zeigt eine Druckschrift in einer Größe von 9 cm. Die Strichstärke dieser Schrift beträgt ca. 9 mm. Damit die Proportionen erhalten bleiben, muss sich bei Vergrößerung einer Schrift auch ihre Strichstärke ändern.

Leider haben die für Whiteboards verwendbaren wasserlöslichen Boardmarker einen deutlich geringeren Durchmesser von etwa 4 mm, so dass bei Buchstaben in einer Höhe von 9 cm oder größer das Verhältnis von Schriftgröße zur Strichstärke nicht mehr stimmt. In puncto Lesbarkeit ist das Schreiben auf Whiteboards deshalb keine gute Lösung.

Ein besseres Ergebnis erzielen Sie auf einem Flipchart oder Metaplan, da hier wasserfeste Filzstifte (Edding) verwendet werden, die es auch in einer Breite von zehn oder mehr Millimetern gibt.

2.6 Farben

Farben in Ihrer Präsentation sind nicht Selbstzweck, sondern gestalterisches Mittel, Ihre Botschaft dem Publikum besser verständlich zu machen. Sie dienen – wie Bilder, Grafiken und Text auch – der *visuellen Kommunikation*.

Aber wie viele und welche Farben setzen Sie ein? Bevor wir uns mit dieser gestalterischen Frage beschäftigen, gehen wir, wie in vorherigen Kapiteln auch, kurz auf die technischen Aspekte ein. Bei der technischen Umsetzung von Farben unterscheiden wir das RGB-System und das CMYK-System. Beide Systeme sind technische Farbmodelle zur Darstellung von Farben in unterschiedlichen Medien. Das RGB-System steuert die Farbdarstellung auf dem Monitor und in der Projektion. Das CMYK-System spielt beim Druck eine Rolle und ist damit nicht Thema dieses Buches.

Rot 255 Grün 0 Blau 0	Rot 0 Grün 255 Blau 0	Rot 0 Grün 0 Blau 255
Rot 0 Grün 255 Blau 255	Rot 255 Grün 0 Blau 255	Rot 255 Grün 255 Blau 0
Rot 255 Grün 255 Blau 255	Rot 165 Grün 165 Blau 165	Rot 0 Grün 0 Blau 0

RGB-System

In Präsentationen entstehen Farben aus den drei Grundfarben Rot, Grün und Blau.

Die Mischung zweier Farben ergibt Cyan, Magenta bzw. Gelb, die Mischung aller drei Farben ergibt Weiß, Schwarz oder Grau.

2.6.1 RGB-Farbsystem

Das RGB-System basiert auf der *additiven Farbmischung*. In der additiven Farbmischung werden die Grundfarben Rot, Grün und Blau als Lichtfarben gemischt. Diese Farben entsprechen der Farbempfindlichkeit der Farbrezeptoren (Zapfen) im menschlichen Auge.

Die Farben werden im RGB-System durch drei Farbwerte definiert. Ein Farbwert bezeichnet den Rotanteil, ein Farbwert den Grünanteil und ein Farbwert den Blauanteil. Für Rot, Grün und Blau gibt es jeweils 256 Abstufungen: von 0 (keine Farbe) bis 255 (volle Intensität). Schwarz wird dementsprechend im RGB-System mit Rot: 0, Grün: 0 und Blau: 0 erzeugt. Die Darstellung von Rot erreichen Sie mit den Farbwerten Rot: 255, Grün: 0 und Blau: 0. Da jeder der 256 Rotwerte mit jedem der 256 Grün- und 256 Blauwerten kombiniert werden kann, sind im RGB-System 16.777.216 = 16,7 Mio. Farben darstellbar.

Die technische Wiedergabe der Farben ist von den Softwareeinstellungen und den Hardwarekomponenten abhängig. Dadurch unterscheiden sich Farben leider geräteabhängig relativ stark, so dass eine Farbe am Beamer plötzlich anders aussieht als am Monitor. Da Beamer und Monitore in der Regel nicht kalibriert sind, also eine verbindliche Farbdarstellung haben, müssen Sie mit dieser Einschränkung leben.

Wenn Sie jedoch nicht gerade – wie dies bei uns im Unterricht oft der Fall ist – über das Thema Farbe referieren, dann ist die fehlende Farbverbindlichkeit kein großer Nachteil.

Grau und Schwarz sind keine kindgerechten Farben.

Warme Farben wirken einladend.

2.6.2 Farbassoziationen

Zu jeder Farbe haben wir bestimmte Assoziationen, mehr noch, sie kann Emotionen bei uns auslösen. Was verbinden Sie mit Rot? Ist es vielleicht Liebe, Leidenschaft, Wärme? Oder ist es eher Blut, Krieg, Gefahr, Feuer?

Durch die Wahl der Farbe(n) nehmen Sie bewusst Einfluss darauf, wie Ihre Präsentation unbewusst wahrgenommen wird. Auch die Werbung macht sich diese Tatsache geschickt zunutze, denken Sie an Milka, Coca Cola, Yellow Strom oder Telekom.

Betrachten Sie das Beispiel oben: Auf welche Schule würden Sie Ihre Kinder schicken? Das Grau und Schwarz im linken Entwurf ist wenig kindgerecht, bei Schwarz assoziieren wir Tod und Trauer, bei Grau im besten Fall Neutralität. Die warmen Farbtöne im rechten Entwurf wirken hingegen (kinder-)freundlich und einladend. Obwohl der Inhalt links und rechts identisch ist, übermitteln die Entwürfe aufgrund ihrer Farbgestaltung unterschiedliche Botschaften.

2.6.3 Farbkontraste

Farben wirken nie für sich, sondern immer in Beziehung zu ihrer Umgebung. Diese Beziehung der Farben nennt man Farbkontrast. Insbesondere für die Lesbarkeit von Schrift sind Farbkontraste von großer Bedeutung.

Bunt-unbunt-Kontrast
Wenn Sie sich unsicher sind, welche Farben zueinander passen, dann

Der gelbe Hintergrund ist optisch im Vordergrund.

Blaue Schrift auf hellem Grau wirkt neutral und seriös.

empfehlen wir die Kombination einer Farbe mit Weiß, Schwarz oder einem Grauton. Diese Farbtöne werden als *unbunt* bezeichnet. Der Vorteil dieser Farbkombination ist, dass, egal welche Farbe Sie auch wählen, diese immer zu unbunt passt.

Im Beispiel auf der linken Seite unten wirkt das dominante Gelb als Hintergrundfarbe störend und beeinträchtigt die Lesbarkeit der blauen Schrift. Ein neutrales Grau hingegen eignet sich zwar nicht für eine Grundschule (siehe links oben), aber für ein Firmenmeeting allemal. Auch umgekehrt, hellgraue Schrift auf dunkelblauer Fläche, funktioniert dieser Farbkontrast, da die Schrift gut lesbar ist.

Warm-kalt-Kontrast

Die Wirkung des Warm-kalt-Kontrastes geht über das rein visuelle Farbempfinden hinaus. Ob eine Farbe als warm oder als kalt empfunden wird, ist Gegenstand der Farbpsychologie. Farben von Gelb bis Rot empfinden wir als warme Farben, weil wir gelernt haben, dass Glut, Flammen und die Sonne heiß sind. Seen, Meere, der Himmel decken das Farbspektrum Grünblau bis Blau ab, weshalb wir diese Farben als kalt empfinden.

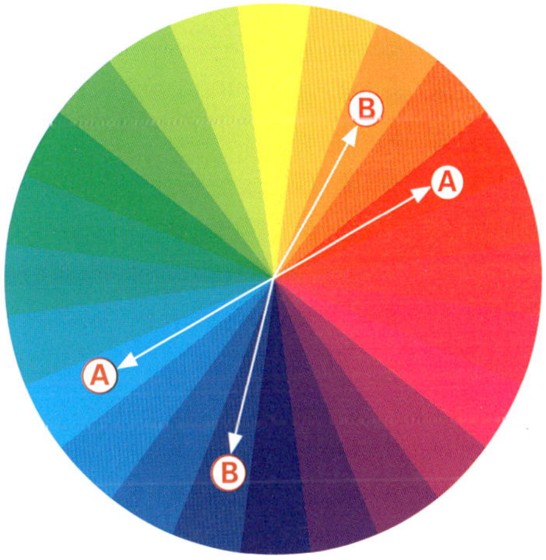

Farbkreis

Die kreisförmige Anordnung von Farben (hier: 24) hilft bei der Auswahl geeigneter Farbkombinationen.

Warme und kalte Farben lassen sich gut miteinander kombinieren. Dabei ist jedoch zu beachten, dass der Kontrast nicht zu groß wird. Dies ist immer dann der Fall, wenn Sie Farben wählen, die sich im Farbkreis gegenüberliegen. Diese Farbpaare werden als *Komplementärfarben* bezeichnet. Sie kontrastieren so stark, dass dies zu einem Flimmereffekt im Auge führen kann.

Im Beispiel unten ist der Kontrast links komplementär, da sich Cyan und Rot im Farbkeis gegenüberliegen **A**. Die Farben rechts hingegen liegen sich nicht direkt gegenüber **B**.

Rot und Cyan ergeben einen Komplementärkontrast.

Das warme Orange und dunkle Blau harmonieren.

2.6.4 Farbharmonien

Bei 16,7 Mio. Farben haben Sie die Qual der Wahl. Für Ihre Präsentation benötigen Sie, abgesehen von Schwarz und/oder Weiß, maximal drei bis vier weitere Farben. Für die Auswahl von Farben, die miteinander harmonieren und zugleich eine Spannung erzeugen, dient der Farbkreis.

Gleicher Farbabstand
Harmonische Farbkombinationen erzielen Sie beispielsweise durch Farben, die im Farbkreis einen Winkel von 120° oder 90° besitzen. Im ersten Fall ergibt sich ein Farbdreiklang **A**, im zweiten ein Farbvierklang **B**.

Nebeneinanderliegende Farben C
Warme Farben aus dem oberen Teil des Farbkreises oder kalte Farben aus dem unteren Teil können Sie miteinander kombinieren. Achten Sie jedoch darauf, dass die Farben vom Betrachter visuell klar unterscheidbar sind, also nicht zu nahe beieinander liegen. Nur so erfüllen die Farben den Zweck der Gliederung und Hervorhebung einzelner Designbereiche.

Gleiche Farbe, unterschiedliche Sättigung und Helligkeit D
Die Aufmerksamkeit des Betrachters gewinnen Sie mit gesättigten (leuchtenden) Farben. Diese haben einen starken Signalcharakter, überlagern damit aber

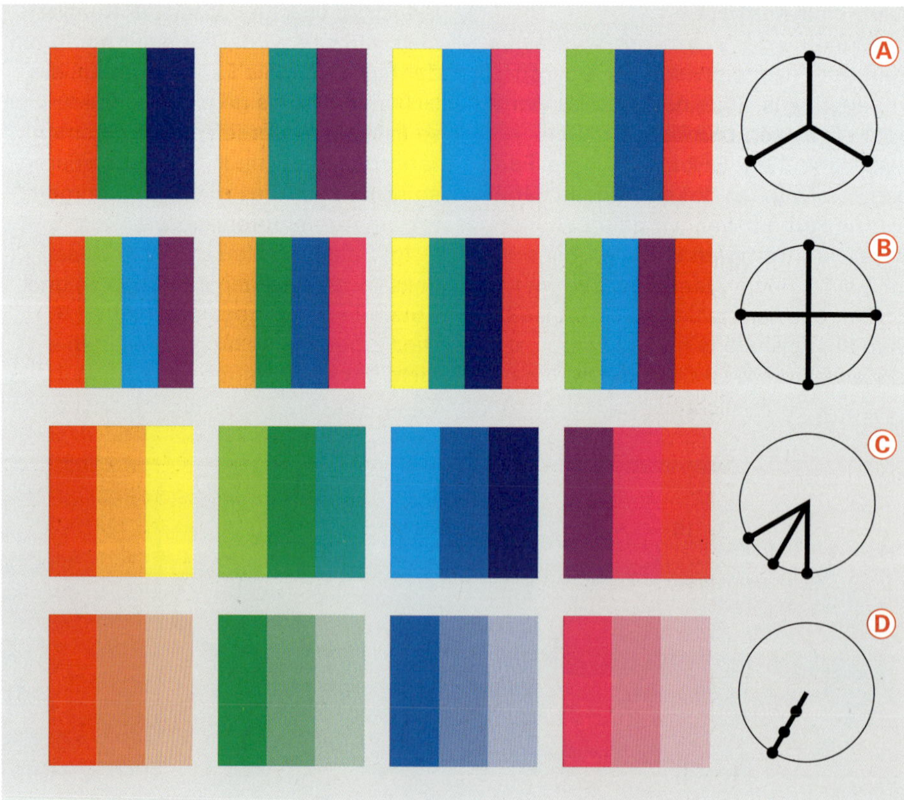

Farbharmonien

Die Beispiele zeigen, wie Farben kombiniert werden können:

- A Farbdreiklang im Winkel 120°
- B Farbvierklang im Winkel 90°
- C Nebeneinanderliegende Farben
- D Gleiche Farbe, unterschiedliche Sättigung und Helligkeit

häufig den eigentlichen Inhalt. Setzen Sie deshalb im sachlichen inhaltsbezogenen Design Ihrer Präsentation gesättigte Farben sparsam als Akzent oder Auszeichnung ein.

Um Farbharmonien zu finden, gibt es hilfreiche Tools, z. B. Adobe Color CC (color.adobe.com/de).

Adobe Color – Making of …

1 Wählen Sie die gewünschte Farbregel **A**, z. B. Ähnlich.

2 Ziehen Sie die Farbregler **B** an die gewünschte Position. Die Sättigung nimmt von außen nach innen ab.

3 Wählen Sie am untersten Regler **C** die gewünschte Helligkeit

4 Notieren Sie sich die RGB-Werte **D** der gefundenen Farben. In der Präsentationssoftware können Sie damit die gewünschten Farben anlegen.

2.6.5 Farbführung

Farben unterstützen uns dabei, uns in der Welt zurechtzufinden, meistens ohne dass wir uns dessen bewusst sind: Das Bremslicht leuchtet rot, das blaue Schild mit dem P weist auf einen Parkplatz hin, das grüne Schild mit dem Piktogramm auf einen Notausgang, Briefkästen in Deutschland sind gelb. Auch in Ihrer Präsentation können Sie Farbe gezielt zur Führung des Betrachters einsetzen.

Im Beispiel unten soll die Stadt Frankfurt/Main hervorgehoben werden. Rechts ist dies gut gelungen, weil die Signalfarbe Rot optisch in den Vordergrund drängt. Links wirkt das viele Rot störend und verhindert den Fokus auf den Balken von Frankfurt (Main).

Adobe Color hilft bei der Auswahl von harmonischen Farbkombinationen.

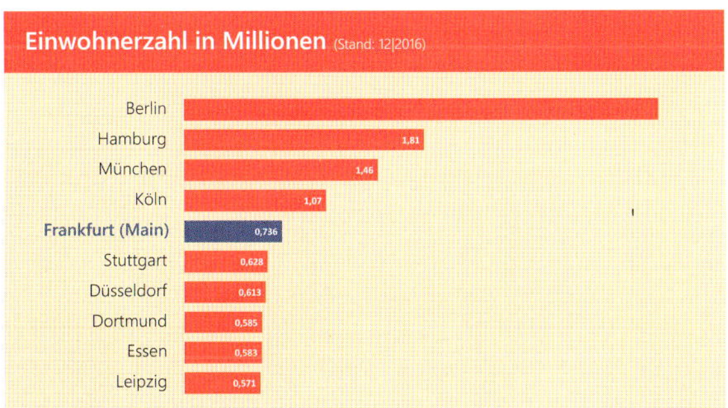

Die Signalfarbe Rot ist hier zu dominant.

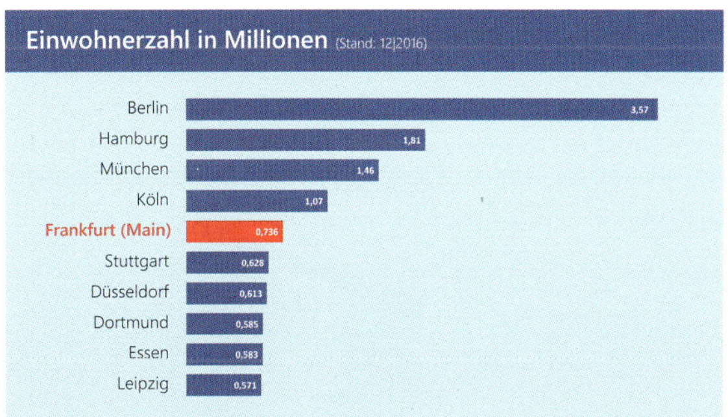

Das Rot hebt die Stadt Frankfurt (Main) visuell hervor.

2.7 Animationen

Bei Animation denken Sie vielleicht an Animationsfilme, die mit einem enormen technischen Aufwand produziert werden. Darum geht es hier nicht. Bereits das Ein- oder Ausblenden von Text oder von grafischen Elementen ist eine Animation. Diese erfüllt den Zweck, die Aufmerksamkeit des Betrachters zu steuern. Eine Option, die Sie beim Einsatz analoger Medien nicht haben.

Text animieren

Ein Beispiel, wie sich Text animieren lässt, sehen Sie unten links. Der Punkt, über den der oder die Präsentierende gerade spricht, ist optisch hervorgehoben. Für den Zuhörer bzw. Zuschauer ist diese Maßnahme eine Hilfe, denn er kann der Präsentation selbst dann noch folgen, wenn er zwischendurch einmal die Toilette aufgesucht hat.

Grafiken animieren

Je komplexer ein Diagramm oder eine Grafik ist, umso länger braucht der Betrachter, um dies aufnehmen und verarbeiten zu können. Entwickeln Sie die Grafik jedoch nach und nach, tragen Sie dafür Sorge, dass der Zuschauer nicht überfordert wird und seinen Blick an die Stelle lenkt, über die Sie gerade sprechen. Die Vorgehensweise ist vergleichbar mit einem Tafelbild, das ebenfalls nach und nach entwickelt wird und das bis heute aus gutem Schulunterricht nicht wegzudenken ist.

Möglichkeiten und Grenzen

Natürlich sind die Möglichkeiten, mit einer Präsentationssoftware Animationen zu erstellen, relativ begrenzt:

- Ein- und Ausblenden
- Drehungen
- Zoomen
- lineare Bewegungen

Darüber hinaus gibt es (leider) zahllose weitere digitale „Spielereien", mit denen Sie Objekte über die Projektionsfläche zappeln lassen können. Darauf sollten Sie aus gestalterischer Sicht verzichten. Eine Animation muss immer einen Zweck erfüllen.

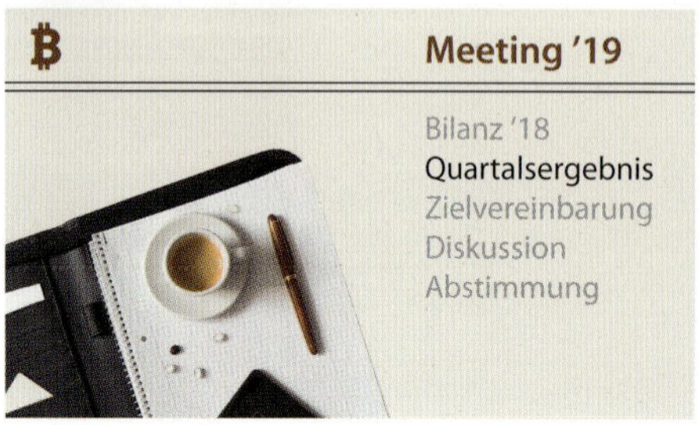

Animationen

Das Ein- und Ausblenden von Text oder von grafischen Elementen hilft dem Betrachter dabei, der Präsentation zu folgen.

2.8 Videos

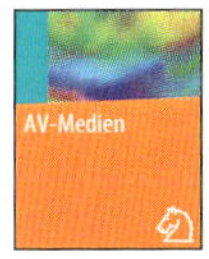

Sie halten ein Referat über die Ostverträge und zeigen einen Ausschnitt aus einer Rede Willi Brandts. Sie präsentieren in Ihrer Abschlussarbeit ein selbst entwickeltes Gerät, dessen Konstruktion Sie mit dem Smartphone gefilmt haben. Sie zeigen das Interview mit einem Lokalpolitiker, den Sie während des Interviews filmen durften. Die Beispiele zeigen, dass der Einsatz von Videos berechtigt sein kann. Dabei geht es nicht darum, Sie als Präsentierende/n überflüssig zu machen, sondern Botschaften zu vermitteln, die ohne Video nicht möglich wären.

Das Erstellen von Videos ist nicht Thema dieses Buches. Wenn Sie sich dafür interessieren, empfehlen wir Ihnen den Band *AV-Medien* in dieser Buchreihe. Da jedoch das Erstellen eigener Videos mit dem Smartphone oder Tablet sehr einfach geworden ist, fassen wir die wichtigsten Regeln zusammen.

2.8.1 Technische Grundlagen

Videoauflösung
Bei einem Video handelt es sich um eine Folge von Einzelbildern. Wie bei Bildern auch, ist die Auflösung eines Videos durch die Bildbreite und Bildhöhe in Pixel bestimmt. Die zurzeit wichtigsten Auflösungen sind:

- HD: 1.280 x 720 px
- Full HD: 1.920 x 1.080 px
- 4K: 3.840 x 2.160 px

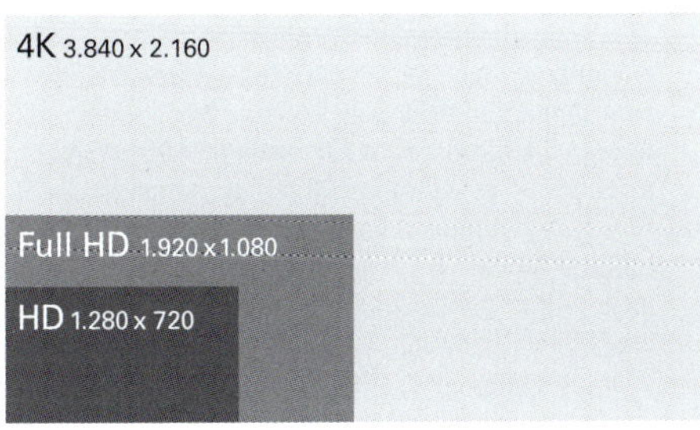

Je größer die Auflösung ist, umso detail- und kontrastreicher wird das Video. Bedenken Sie jedoch, dass bei einem Video 25 Bilder *pro Sekunde* entstehen und die Datenmenge bei Vergrößerung der Auflösung stark ansteigt. Die Grafik links unten symbolisiert, dass bei einer Verdopplung der Auflösung die Datenmenge um das Vierfache ansteigt. Der Speicher Ihres Smartphones wird schnell voll sein, wenn Sie längere Aufnahmen machen. Nehmen Sie Ihre Videos nur in der Auflösung auf, die Sie für Ihre Präsentation benötigen.

Making of ...

1. Öffnen Sie die Kamera-App Ihres Smartphones oder Tablets.
2. Tippen Sie auf die Kamera-Einstellungen – in der Regel durch ein Zahnrad symbolisiert.
3. Nehmen Sie die Einstellung der Videoauflösung vor. Wählen Sie Full HD **A** nur, wenn Sie das Video auf einem Full-HD-Beamer vollflächig zeigen wollen.

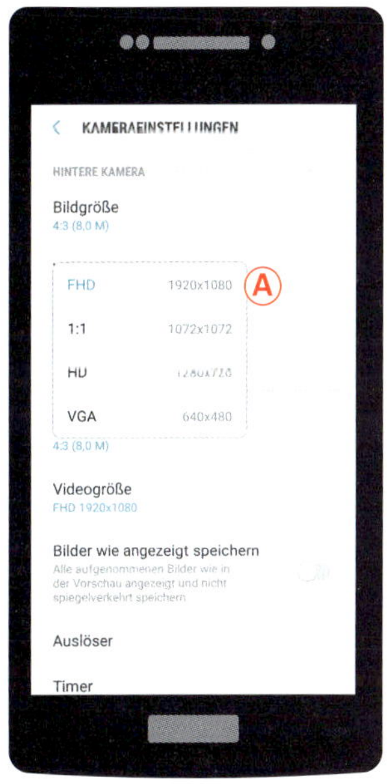

Videoauflösung

Die Auflösung des Videos stellen Sie am Smartphone oder Tablet ein. Je größer die Auflösung, umso größer die Datenmenge.

Videocodecs
Grundsätzlich unterscheidet sich das Einfügen eines Videos in die Präsentation nicht vom Einfügen eines Bildes. Dennoch kann es passieren, dass das Video nicht abgespielt wird. Manchmal kommt es auch vor, dass zwar das Bild gezeigt wird, aber der Ton fehlt.

Damit ein Video gespeichert und in Echtzeit abgespielt werden kann, ist es erforderlich, seine Datenmenge massiv zu reduzieren. Hierfür ist ein sogenannter *Encoder* zuständig. Für die Wiedergabe des Videos müssen die Daten wieder decodiert werden. Eine Software, die encodieren und decodieren kann, wird als *Codec* bezeichnet. Die zurzeit wichtigsten Videocodecs sind *H.264* und *H.265*. Ist der benötigte Codec im Betriebssystem nicht installiert oder wird er von der Präsentationssoftware nicht unterstützt, wird das Video nicht oder ohne Ton abgespielt.

Videoformate

Leider wird es noch komplizierter, denn bei den Codecs handelt es sich um keine Dateiformate, sondern lediglich um das Verfahren, wie die Videodaten behandelt werden. Zu einem Video gehört jedoch Ton dazu, bei DVDs werden noch Untertitel benötigt. Alles zusammen wird in eine sogenannte Containerdatei gepackt. Die derzeit wichtigsten Containerformate sind:

- *MPEG*
  Das Format kommt bei DVD-Video zum Einsatz und ist mittlerweile technisch überholt.
- *MP4*
  Videos, die Sie mit Ihrem Smartphone aufzeichnen, werden meistens als MP4-Dateien gespeichert.
- *WMV*
  Bekanntestes Videoformat unter Windows

Was ist zu tun, wenn Ihr Video nicht korrekt abgespielt wird? Folgende Maßnahmen können Sie treffen:

- Testen Sie, ob das Video in einem externen Videoplayer funktioniert. Ein sehr guter Player ist *VLC*, den Sie unter https://www.videolan.org/vlc/ herunterladen können. Funktioniert das Video in diesem Player, aber in der Präsentationssoftware nicht, dann wechseln Sie während der Präsentation kurzzeitig zum Videoplayer.
- Konvertieren Sie das Video in ein anderes Format. Im Internet werden kostenlose Videokonverter angeboten, z. B. *Any Video Converter* (https://www.anvsoft.de/any-video-converter-free.php).

2.8.2 Videoaufnahme

Videoclips, die nur ein einziges Mal in einer Präsentation gezeigt werden, brauchen keine professionellen Ansprüche zu erfüllen. Wenn Sie bei der Aufnahme die unten zusammengefassten Regeln beachten, werden Sie auch mit einem Smartphone oder Tablet ansprechende Ergebnisse erhalten.

Grundregeln bei Videoaufnahmen

- Überlegen Sie im Voraus, ob Sie das Video später nachbearbeiten werden oder ob es an einem Stück (one shot) aufgenommen werden soll. Im zweiten Fall muss die Aufnahme gut vorbereitet werden.
- Planen Sie kurze Videosequenzen von 30 bis 60 s. In einer Präsentation geht es nicht darum, dem Publikum minutenlange Videos zu zeigen.
- Verwenden Sie ein Stativ, damit Ihre Aufnahme nicht verwackelt. Auch für Smartphones und Tablets gibt es (kostengünstige) Stative.
- Vermeiden Sie schnelles Zoomen oder Schwenken der Kamera. Dies wirkt unprofessionell und irritiert den Zuschauer.
- Achten Sie auf die Kameraperspektive: Bei Menschen sollte sich die Kamera ungefähr in Augenhöhe befinden. Filmen von oben (Vogelperspektive) lässt Menschen klein und mickrig erscheinen, von unten (Froschperspektive) macht sie groß und übermächtig.
- Wenn Sie das Video später schneiden, sollten Sie verschiedene Einstellungen filmen: Mit einer *Totalen* verschaffen Sie Orientierung und Überblick, mit einer *Nahaufnahme* sind Sie nahe am Geschehen, eine *Detailaufnahme* zeigt wichtige Feinheiten.
- Sorgen Sie für Ruhe am Set, damit Ihre Aufnahme möglichst keine störenden Geräusche enthält.
- Achten Sie auf ausreichende Beleuchtung. Der Hintergrund darf nicht heller sein als das zu filmende Objekt. Direktes Licht auf das Objekt führt zu unschönen Schatten. Beleuchten Sie indirekt, z. B. über eine Wand oder die Decke.

2.8.3 Videoschnitt

Im einfachsten Fall haben Sie Ihren Videoclip am Stück aufgezeichnet. Dann benötigen Sie keinen Videoeditor zur Nachbearbeitung des Videos.

Bessere Ergebnisse erzielen Sie natürlich, wenn Sie Ihr Video mit Hilfe einer Software (bzw. App) schneiden, eventuell nachvertonen, Titel ergänzen und das Ergebnis für die Verwendung in Ihrer Präsentation exportieren.

Bei der Auswahl eines Videoeditors haben Sie wie so oft die Qual der Wahl. Wollen Sie am PC oder Mac schneiden? Oder direkt mit Ihrem Smartphone? Soll die App kostenfrei sein? Bei unseren Recherchen sind wir auf eine Software gestoßen, die nahezu alle Wünsche erfüllt: *Filmora* von Wondershare (https://filmora.wondershare.com/de/) gibt es für Windows und macOS. Die App *filmoraGo* ist kostenlos und sowohl für Android-Geräte als auch für iPhones/iPads verfügbar. Die Bedienung ist einfach und intuitiv – nach wenigen Minuten haben Sie Ihr Video produziert! Wir stellen Ihnen die App mit dieser Kurzanleitung vor.

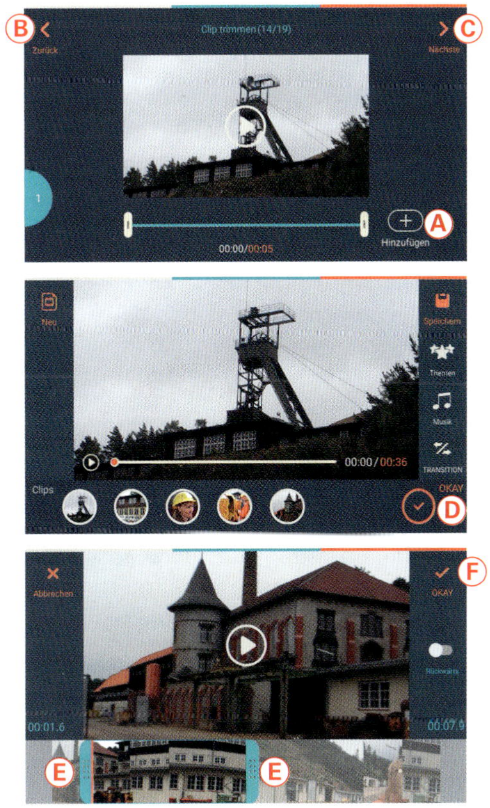

Making of ...

1 Installieren Sie *filmoraGo* auf Ihrem Smartphone oder Tablet.

2 Öffnen Sie die App und tippen Sie auf *Neues Video erstellen*.

3 Tippen Sie nun auf *Camera*, um die Videoclips auszuwählen, die Sie zusammenfügen möchten.

4 Tippen Sie auf das zu importierende Video und danach auf *Hinzufügen* **A**. Tippen Sie auf *Zurück* **B**, um weitere Clips hinzuzufügen, oder auf *Nächste* **C**, um das Video zu bearbeiten.

5 In den Kreisen am unteren Rand sehen Sie alle importierten Videos. Um ihre Reihenfolge zu ändern, tippen Sie etwas länger auf einen der Kreise. Danach können Sie die Reihenfolge durch Verschieben der Kreise mit dem Finger ändern. Beenden Sie mit *OKAY* **D**.

6 Tippen Sie auf ein Video (Kreis), um den Clip nachzubearbeiten. Tippen Sie auf *Clip trimmen*, um durch Ziehen der Anfasser **E** den gewünschten Ausschnitt zu markieren. Beenden Sie mit *OKAY* **F**.

7 Um einen Text (Titel) einzufügen, tippen Sie auf den gewünschten Clip. Wählen Sie *Untertitel* und tippen Sie auf das Plus-Symbol **A**. Es erscheint ein Textfeld **B**. Tippen Sie auf das Textfeld, um den Text einzugeben. Die Schrift und Schriftfarbe können Sie ändern. Am Anfasser **C** können Sie das Textfeld mit dem Finger skalieren und an die gewünschte Position bewegen. Verschieben Sie die roten Kreise **D**, um festzulegen, wann und wie lange der Text zu sehen sein soll. Beenden Sie mit *OKAY* **E**.

8 Mit *Voiceover* **F** können Sie einen Clip nachvertonen, um zum Beispiel eine Erklärung zum Video aufzunehmen. Wenn der Originalton (O-Ton) störend ist, dann können Sie ihn mit Hilfe des *Audio Mixers* **G** ausblenden oder leiser machen.

9 Wenn Sie mit Ihrem Ergebnis zufrieden sind, dann tippen Sie auf *Speichern* **H**. Das Video wird berechnet und als MP4-Datei gespeichert.

10 Um das Video auf den PC/Mac zu übertragen, haben Sie zwei Möglichkeiten:
a. Sie speichern das Video in der *Kamera-Roll* **I**. Danach schließen Sie das Smartphone/Tablet mit Hilfe eines USB-Kabels am Computer an. Nachdem das Gerät erkannt wurde, können Sie die Videodatei kopieren.
b. Wenn Sie einen Cloud-Speicher wie *Dropbox* oder *Google Drive* nutzen, können Sie das Video kabellos in diesen Speicher hochladen und vom PC/Mac aus darauf zugreifen. Tippen Sie in diesem Fall auf *Mehr* **J** und wählen Sie den gewünschten Dienst aus.

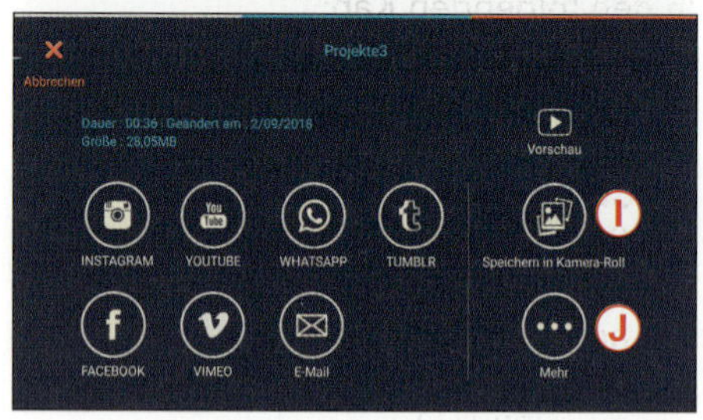

2.9 PowerPoint

2.9.1 Warum Microsoft PowerPoint?

Die Bedeutung von *PowerPoint* im Bereich der Präsentation ist derart hoch, dass die Begriffe Präsentieren und PowerPoint fast schon synonym genannt werden: Wer präsentieren muss, der macht eine „PowerPoint". Argumente, die für die Verwendung von PowerPoint sprechen, sind:

- PowerPoint ist Bestandteil von *Office 365*, das Schülern und Studenten unter bestimmten Bedingungen[1] kostenlos zur Verfügung gestellt wird.
- PowerPoint ist abwärtskompatibel: Sie können eine Präsentation so abspeichern, dass sie auch auf einem Computer mit älterer PowerPoint-Version funktioniert.
- PowerPoint gibt es für Windows und für macOS.
- PowerPoint ist – wie Sie sehen werden – leistungsfähig und dennoch leicht erlernbar.

2.9.2 Szenario

In den folgenden Kapiteln erstellen Sie ein kleine PowerPoint-Präsentation, die alle typischen Elemente einer digitalen Präsentation enthält. Das Thema unserer Übungspräsentation heißt „Digitale Medien" – alternativ können Sie für die Übungen ein eigenes Thema wählen.

Laden Sie sich zur Vorbereitung, z. B. bei *Pixabay* oder bei *Pexels,* einige frei nutzbare Bilder herunter, auf denen digitale Medien zu sehen sind. Gehen Sie hierbei vor wie auf Seite 25 beschrieben. Weiterhin benötigen Sie das Logo Ihrer Institution.

1 Die Bildungseinrichtung muss sich bei Microsoft für das Education-Lizenzprogamm registrieren. Schüler oder Studenten müssen über eine E-Mail-Adresse der Bildungseinrichtung verfügen.

2.9.3 Folienmaster

Bei der Erstellung einer Präsentation sollten Sie immer mit dem Folienmaster beginnen. Durch Verwendung des Folienmasters stellen Sie sicher, dass alle Folien der Präsentation ein einheitliches Layout erhalten.

Masterfolie – Making of ...

1 Öffnen Sie in PowerPoint eine neue, leere Präsentation.

2 Klicken Sie auf Menü *Ansicht > Folienmaster* **A**.

3 Der Folienmaster befindet sich im linken Fenster: Scrollen Sie ganz nach oben, um zur Masterfolie **B** zu gelangen. Auf dieser nehmen Sie die Einstellungen vor, die *auf allen Folien* gleich sein sollen, z. B. Schriftart, Schriftgröße und -farbe, Fußzeile mit Logo.

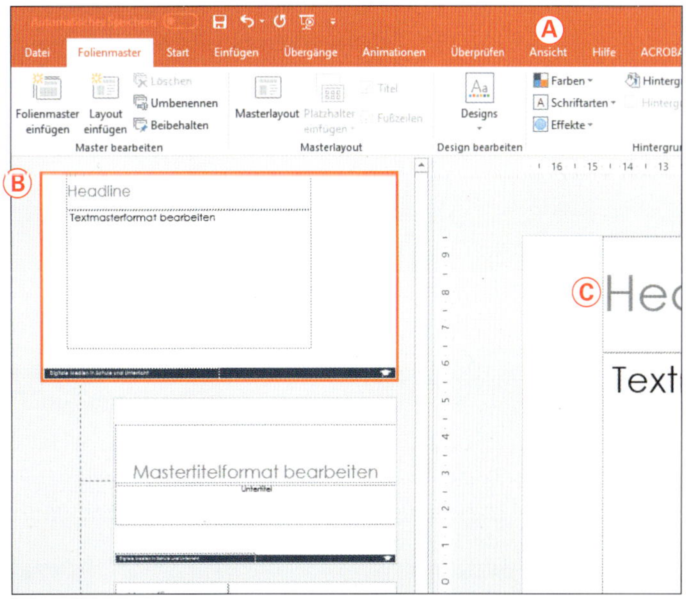

4 Formatieren Sie die Schriften auf der Masterfolie z. B. wie in der Tabelle angegeben. (Den Text in den Rahmen können Sie auch ändern, er ist später nicht sichtbar.)

	Schrift	Größe	Farbe
Mastertitel	Century Gothic	40 pt	grau
Mastertext	Century Gothic	28 pt	schwarz
Fußzeile	Century Gothic	14 pt	weiß

5 Löschen Sie die Textrahmen für *Datum* und *Foliennummer*. Klicken Sie hierzu auf den *Rahmen* und betätigen Sie die Entf-Taste.

Fußzeile mit Logo – Making of …

1 Wählen Sie im Menü *Einfügen > Formen* das Rechteck-Symbol und ziehen Sie ein schmales Rechteck für die Fußzeile auf. Platzieren Sie das Rechteck am unteren Rand **A**.

2 Wählen Sie im Menü *Format > Füllmenge* eine graublaue Farbe.

3 Rechtsklicken Sie auf den Rahmen der Fußzeile und wählen Sie *In den Hintergrund*, damit der Rahmen das Textfeld *Fußzeile* nicht überdeckt.

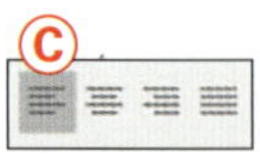

4 Platzieren Sie das Textfeld *Fußzeile* am linken unteren Rand **B**. Richten Sie den Text im Menü *Start* linksbündig **C** aus.

5 Fügen Sie im Menü *Einfügen > Bilder* (falls vorhanden) Ihr Logo ein. Passen Sie dessen Größe an und platzieren Sie es in der Fußzeile rechts unten **D**.

Folienlayouts – Making of …

Auf den Unterseiten des Folienmasters nehmen Sie Einstellungen vor, die *nur auf den Folien des jeweiligen Layouttyps* sichtbar sein sollen. Für unsere Präsentation beschränken wir uns auf vier Layouts:

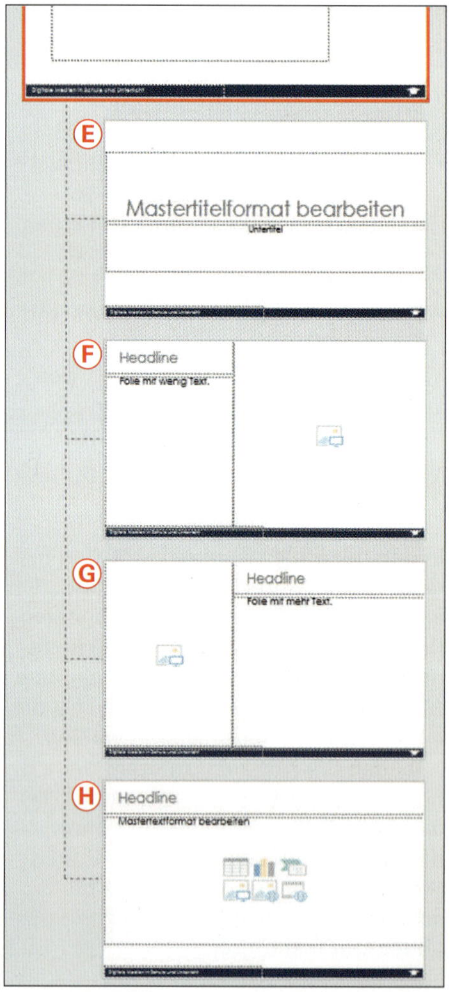

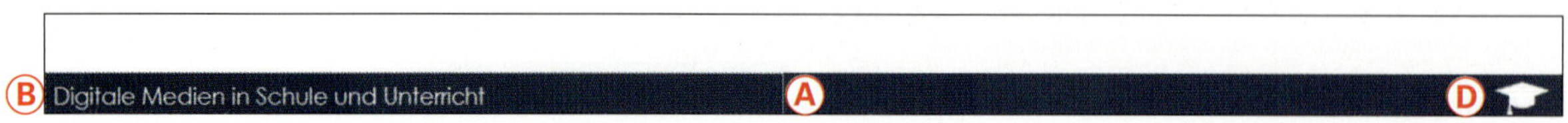

Die *Titelfolie* **E** zeigt ausschließlich den Titel und – falls erforderlich – Untertitel der Präsentation.

1 Richten Sie den bzw. die Textrahmen mittig aus.

2 Wählen Sie die gewünschte Schriftgröße, hier: 60 pt.

Für Folien mit Text und Bild erstellen Sie Layout **F**. Die Fläche wird hierbei etwa im Verhältnis des Goldenen Schnitts (siehe Seite 16) aufgeteilt.

3 Platzieren Sie die Rahmen des *Mastertitels* und des *Mastertextes* im linken Drittel der Folie.

4 Löschen Sie die Textrahmen für *Datum* und *Foliennummer*.

5 Fügen Sie im Menü *Folienmaster > Platzhalter einfügen > Bild* einen Bildrahmen ein. Platzieren Sie ihn so, dass er die restlichen zwei Drittel der Folie überdeckt.

Layout **G** entspricht Layout **F**, allerdings ist der Textrahmen rechts und bedeckt zwei Drittel, der Bildrahmen ein Drittel.

6 Rechtsklicken Sie im Folienmaster auf Layout **F** und wählen Sie *Layout duplizieren*.

7 Passen Sie die Größenverhältnisse entsprechend an.

Bei Layout **H** bedeckt der Rahmen des Mastertextes die gesamte Folie. Alternativ zu Text können Sie hier eine Tabelle, ein Diagramm oder Video einfügen.

8 Platzieren Sie den Textrahmen über der gesamten Folie.

9 Löschen Sie alle nicht benötigten Elemente.

10 Löschen Sie abschließend alle weiteren, nicht benötigten Layouttypen durch Rechtsklick auf die Unterfolie und *Layout löschen*.

11 Schließen Sie den Folienmaster im Menü *Folienmaster > Masteransicht beenden*. Hinweis: Sie können auch zu einem späteren Zeitpunkt Änderungen am Folienmaster vornehmen. Diese wirken sich dann automatisch auf alle bereits erstellten Folien aus.

12 Speichern Sie die Präsentation im Menü *Datei > Speichern* unter dem Namen *Digitale_Medien.pptx* ab.

2.9.4 Folien

Wenn Sie das Layout mit Hilfe des Folienmasters vorbereitet haben, ist das Erstellen der Folien ein Kinderspiel.

Titelfolie – Making of ...

1 Im Folienbereich befindet sich zunächst nur eine Folie – die Titelfolie. Klicken Sie in den Rahmen des Titeltextrahmens und geben Sie als Titel *Digitale Medien* und als Untertitel *in Schule und Unterricht* ein.

Folien mit Text und Bild – Making of ...

1 Klicken Sie im Menü *Start* auf *Neue Folie*. Wählen Sie Layout **F** mit dem schmalen Text- und breiten Bildrahmen aus.

2 Klicken Sie im Menü *Einfügen > Kopf- und Fußzeile*, setzen Sie das Häkchen bei Fußzeile und geben

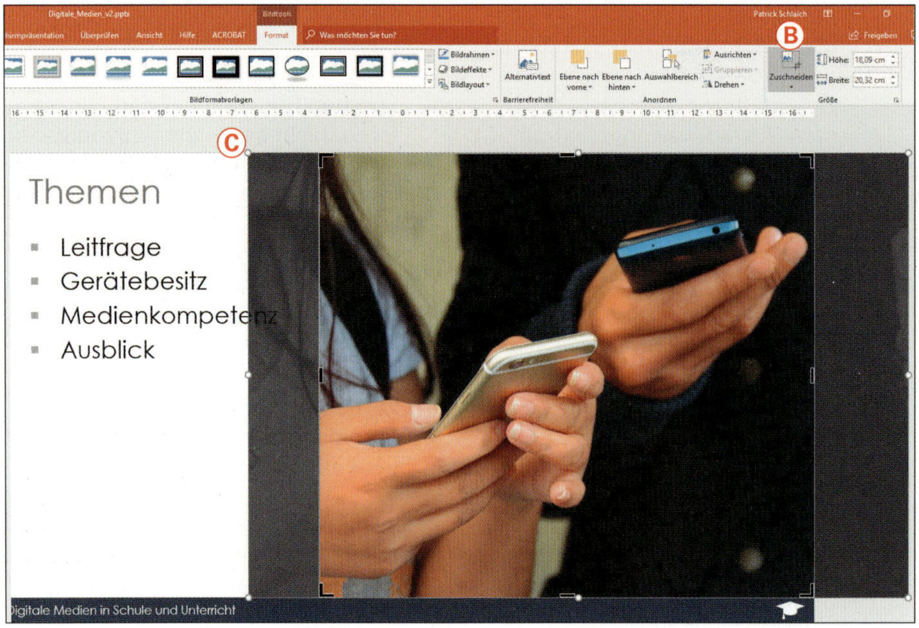

Sie den Titel ein: *Digitale Medien in Schule und Unterricht*. Bestätigen Sie mit *Für alle übernehmen*. Setzen Sie das Häkchen bei *Auf Titelfolie nicht anzeigen*.

3 Geben Sie den gewünschten Text ein, z. B. wie im Screenshot oben dargestellt.

4 Klicken Sie auf das Bild-Icon **A**, um ein Bild einzufügen. Wählen Sie das gewünschte Bild aus und bestätigen Sie mit *Einfügen*. Das Bild wird so eingefügt, dass es den Rahmen komplett füllt.

5 Um den Bildausschnitt zu verändern, klicken Sie auf *Zuschneiden* **B**. Verschieben Sie das Bild mit gedrückter Maustaste, bis der gewünschte Ausschnitt sichtbar wird. Vergrößern Sie den Bildausschnitt, indem Sie an einer Ecke **C** ziehen.

6 Klicken Sie abschließend nochmals auf *Zuschneiden* **B**.

7 Erstellen Sie eine zweite Text-Bild-Folie vom Layouttyp **G** (siehe Seite 52).

Folien mit Diagramm – Making of …

1 Klicken Sie im Menü *Start* auf *Neue Folie*. Wählen Sie Layout **H** (siehe Seite 52). Geben Sie der Folie den Titel *Gerätebesitz Jugendlicher*.

2 Klicken Sie auf das Diagramm-Icon **D**. Wählen Sie als Diagrammtyp *Gruppierte Balken*.

3 Überschreiben Sie die in der Excel-Tabelle vorgegebenen Daten wie im Screenshot **E** dargestellt. Achten Sie darauf, dass die blaue Linie den Diagrammbereich markiert.

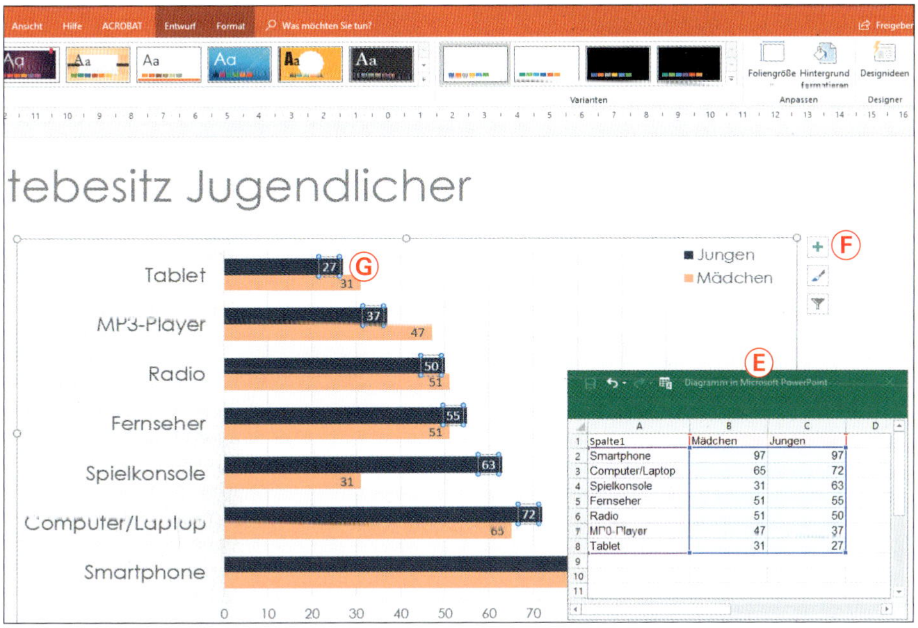

4 Schließen Sie das Fenster zur Dateneingabe – das Diagramm wird automatisch generiert.

5 Sämtliche Elemente eines Diagramms können angeklickt und formatiert werden: Ändern Sie die Schriften der Diagramm-Achsen in *Century Gothic* und passen Sie die Schriftgröße an. Wählen Sie die Farben der Datenreihen wie gewünscht.

6 Durch Klicken auf das Plus-Symbol **F** erhalten Sie weitere Bearbeitungsmöglichkeiten. Wie im Screenshot zu sehen ist, können Sie beispielsweise die Werte in den Balken anzeigen lassen **G**.

7 Eine nachträgliche Änderung der Daten ist im Menü *Entwurf > Daten bearbeiten* möglich.

Folien mit Video – Making of ...

Wie Sie wissen, dürfen Sie Online-Videos, z. B. aus YouTube, nicht downloaden und speichern. Erlaubt ist hingegen das *Streamen* von Videos. Hierunter versteht man, die Videos direkt von der Plattform, auf der sie gespeichert sind, abzuspielen. Videostreaming ist mit PowerPoint problemlos möglich. Voraussetzung ist allerdings, dass Ihr Rechner während der Präsentation mit dem Internet verbunden ist.

1 Öffnen Sie YouTube im Browser und suchen Sie das Video, das Sie einbetten möchten. Markieren Sie die Internetadresse des Videos und kopieren Sie sie in die Zwischenablage (Strg + C).

2 Wechseln Sie zu Ihrer PowerPoint-Präsentation. Klicken Sie im Menü

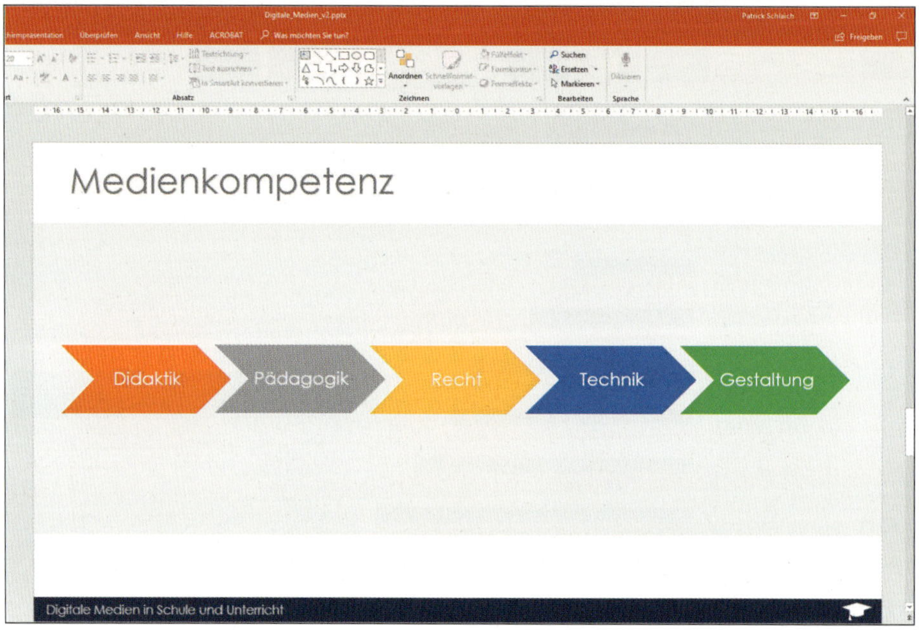

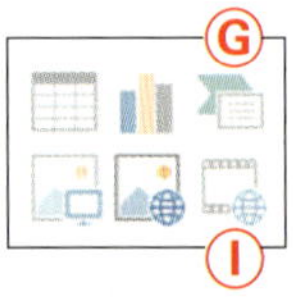

Start auf *Neue Folie*. Wählen Sie Layout **H** (siehe Seite 52).

3 Klicken Sie auf das Video-Icon **I**.

4 Fügen Sie im Eingabefeld *Auf YouTube suchen* die Internetadresse des Videos ein (Strg + V) und bestätigen Sie mit der Return-Taste.

5 Passen Sie die Größe des Videos an Ihr Layout an.

6 Um das Video zu testen, klicken Sie im Menü *Bildschirmpräsentation* auf *Ab aktueller Folie*.

Folien mit Infografik – Making of

1 Klicken Sie im Menü *Start* auf *Neue Folie*. Wählen Sie Layout **H** (siehe Seite 52). Geben Sie der Folie den Titel *Medienkompetenz*.

2 Klicken Sie auf das Icon *SmartArt-Grafik* **G**.

3 Wählen Sie einen geeigneten Grafiktyp aus.

4 Geben Sie die Begriffe ein. Formatieren Sie die Texte mit der Schrift *Century Gothic*.

5 Formatieren Sie die Grafik farblich nach Ihren Vorstellungen.

Designideen nutzen – Making of

Wenn Sie über Office 365 verfügen, dann können Sie zur Gestaltung Ihrer Folien auf Designvorschläge zurückgreifen, die PowerPoint automatisch generiert.

1 Klicken Sie im Menü *Start* auf *Neue Folie* und wählen Sie Layout **H** (siehe Seite 52).

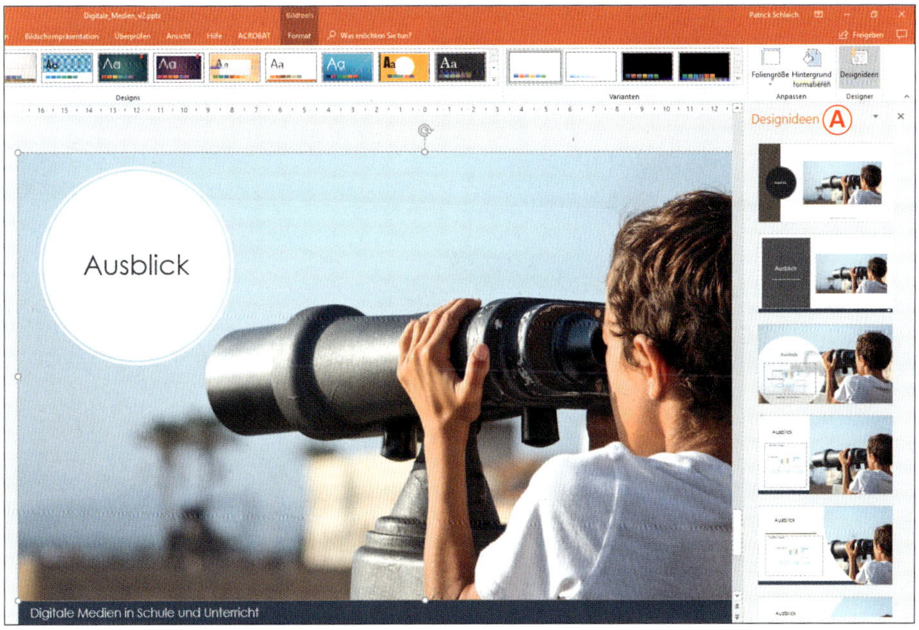

2 Fügen Sie ein Bild Ihrer Wahl ein. Je nach Voreinstellung macht Ihnen PowerPoint bereits jetzt am rechten Rand Designvorschläge **A**. Ist dies nicht der Fall, können Sie diese im Menü *Entwurf > Designideen* abrufen.

3 Wählen Sie das gewünschte Design aus. Sie können die grafischen Elemente nachträglich nach Belieben verändern.

2.9.5 Übergänge

Ist es erforderlich, von einer Folie zur nächsten zu überblenden? Die klare Antwort lautet: Nein! Eine Präsentation können Sie mit einem Film vergleichen, bei dem die einzelnen Einstellungen und Szenen normalerweise „hart" – also ohne Übergang – geschnitten werden. Diese Technik können Sie für Ihre Präsentation getrost übernehmen.

Falls Sie überblenden möchten, sollten Sie sich für einen dezenten Übergang entscheiden, der das Publikum auf keinen Fall vom Inhalt der Präsentation ablenkt.

Making of …

1 Öffnen Sie, falls Sie sie geschlossen haben, Ihre eben erstellte Präsentation.

2 Klicken Sie auf Menü *Übergänge*. Wählen Sie einen dezenten Übergang, z. B. *Morphen* **B** oder *Verblassen* **C**.

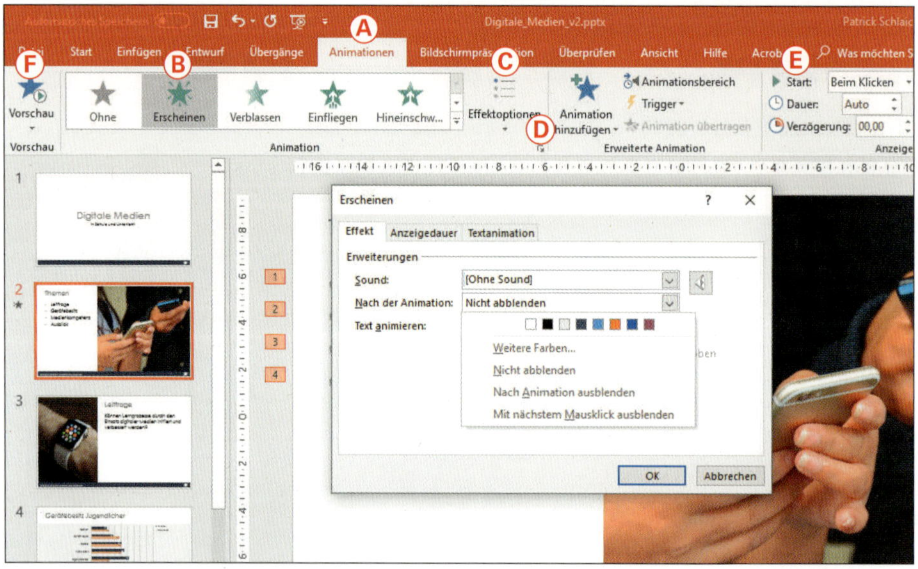

3 Um den Effekt für alle Folien zu übernehmen, klicken Sie auf den Button *Auf alle anwenden* (im rechten Teil des Menüs).

4 Das Stern-Symbol im Folienbereich links zeigt Ihnen, dass ein Folienübergang vorhanden ist. Sie können darauf klicken, um den Effekt zu testen.

2.9.6 Animationen

Wie in Kapitel 2.7 auf Seite 46 ausgeführt, eignen sich Animationen dazu, die Aufmerksamkeit des Betrachters zu lenken. Sie können dies mit einem Tafelbild vergleichen, das nach und nach weiterentwickelt wird.

PowerPoint unterscheidet vier Gruppen von Animationen:

- *Eingang*
  Objekt wird sichtbar (eingeblendet).
- *Hervorhebung*
  Ein bereits sichtbares Objekt wird hervorgehoben.
- *Ausgang*
  Objekt wird unsichtbar (ausgeblendet).
- *Animationspfad*
  Objekt bewegt sich entlang eines Pfades.

Animation von Text – Making of ...

1 Klicken Sie auf den Textrahmen der Folie *Themen*.

2 Wählen Sie im Menü *Animationen* **A** einen Effekt aus dem Bereich *Eingang*. Verzichten Sie auch hier auf Effekthascherei, sondern wählen Sie einen unaufdringlichen, dezenten Effekt, hier: *Erscheinen* **B**.

3 Unter *Effektoptionen* **C** können Sie festlegen, ob der Text zeilenweise oder auf einmal eingeblendet wird. Belassen Sie es bei *Nach Absatz*.

4 Klicken Sie auf den kleinen Pfeil **D** unter *Effektoptionen* und wählen

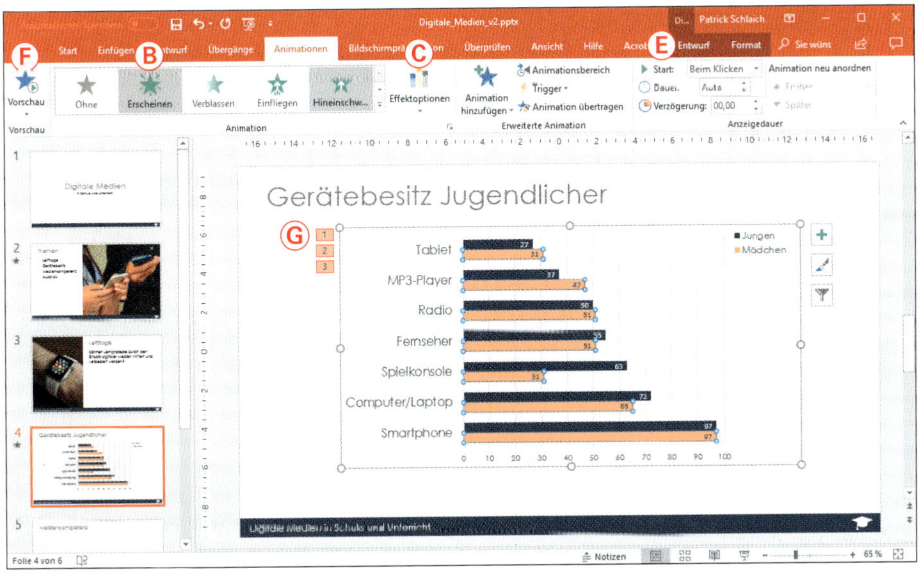

Sie auf der Registerkarte *Effekt* unter *Nach der Animation* die Farbe, in der der Text nach der Animation angezeigt werden soll, z. B. ein Hellgrau. Der Text bleibt somit lesbar, tritt aber in den Hintergrund.

5 Unter *Start* **E** stellen Sie ein, ob die Absätze nach einer vorgegebenen Zeit oder nach Mausklick eingeblendet werden sollen.

6 Durch Klicken auf *Vorschau* **F** können Sie die Animation testen, ohne dass Sie die Präsentation starten müssen.

Animation eines Diagramms – Making of …

1 Klicken Sie auf den Textrahmen der Folie *Gerätebesitz Jugendlicher*.

2 Wählen Sie im Menü *Animationen* die gewünschte Animationsart, hier: *Erscheinen* **B**.

3 Wählen Sie in den *Effektoptionen* **C**, ob nach Kategorien (Smartphone, Computer usw.) oder Serien (Jungen, Mädchen) animiert werden soll, hier: nach Serien.

4 Testen Sie die Animation **F**.

5 Das leere Diagramm soll von Anfang an sichtbar sein: Klicken Sie auf die Ziffer 1 **G**, die sich links des Diagramms befindet. Löschen Sie die Animation mit der Entf-Taste.

2.9.7 Links

Bei längeren Präsentationen ist es sinnvoll, zwischendurch den aktuellen Stand zu zeigen. Dies kann z. B. durch eine kurze Rückkehr zur Themenübersicht erfolgen.

Die Begriffe auf der Folie *Themen* sollen verlinkt werden, so dass direkt zum gewünschten Thema gesprungen werden kann.

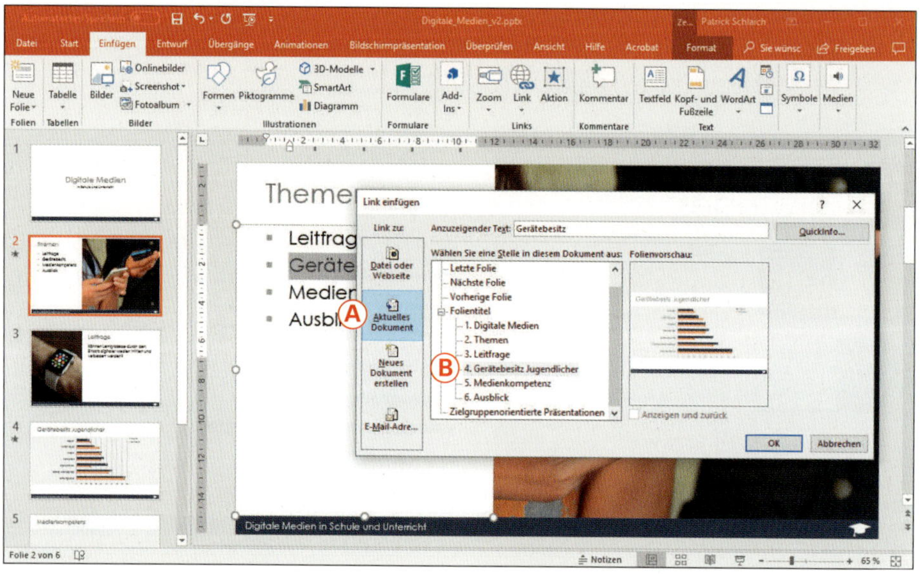

Interne Links – Making of …

1 Markieren Sie den Begriff *Gerätebesitz* auf der Folie *Themen*.

2 Wählen Sie im Menü *Einfügen > Link*.

3 Klicken Sie im sich öffnenden Fenster auf den Button *Aktuelles Dokument* **A**.

4 Wählen Sie die zu verlinkende Folie **B** aus und bestätigen Sie mit OK.

5 Den Hyperlink können Sie nur testen, wenn Sie die Präsentation starten: Menü *Bildschirmpräsentation > Ab aktueller Folie*. Beenden Sie die Präsentation durch Drücken der Esc-Taste.

Wie Sie sehen, werden Links unterstrichen und in einer anderen Farbe dargestellt. Dies wirkt optisch störend – wir wählen deshalb einen alternativen Weg zur Verlinkung von Begriffen.

6 Wählen Sie im Menü *Einfügen > Formen > Interaktive Schaltflächen* die leere Schaltfläche ganz unten rechts. Ziehen Sie einen Rahmen über den zu verlinkenden Begriff.

7 Klicken Sie im erscheinenden Fenster auf *Hyperlink zu...* und wählen Sie unter *Folie* die gewünschte Zielfolie aus.

8 Löschen Sie im Menü *Start* unter *Fülleffekt* und *Formkontur* die Füll- und Rahmenfarbe der Schaltfläche, so dass diese unsichtbar ist.

Um zur Themenübersicht zurückkehren zu können, bringen wir auf dem Logo in der Fußzeile des *Folienmasters* einen Link auf diese Folie an. Da sich das Logo im Folienmaster befindet, funktioniert der Link automatisch auf allen Folien.

9 Öffnen Sie den Folienmaster im Menü *Ansicht*.

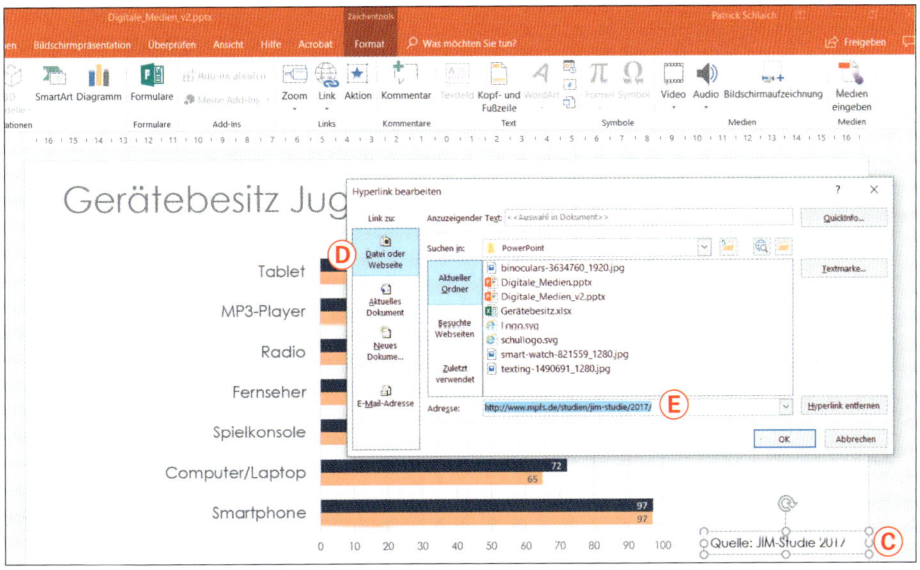

10 Wählen Sie auf der Masterfolie im linken Bereich oben das Logo aus.

11 Wiederholen Sie die Schritte 2 bis 4, um den Link anzubringen.

12 Verlassen Sie den Folienmaster im Menü *Folienmaster > Masteransicht schließen*.

Neben den bisher beschriebenen internen Links können Sie mit Hilfe von Links auch auf externe Dateien oder Webseiten zugreifen.

In der Übung bringen Sie auf der Folie *Gerätebesitz* einen Link zur Datenquelle (JIM-Studie 2017) an.

Externe Links – Making of ...

1 Wählen Sie im Menü *Einfügen > Formen > Textfeld* und ziehen Sie ein kleines Textfeld auf **C**. Geben Sie den Text *Quelle: JIM-Studie 2017* ein.

2 Wählen Sie im Menü *Einfügen > Link*.

3 Klicken Sie im sich öffnenden Fenster auf den Button *Datei oder Webseite* **D**.

4 Geben Sie die Internetadresse zur JIM-Studie ein, hier: https://www.mpfs.de/studien/jim-studie/2017/ und bestätigen Sie mit OK.

5 Testen Sie den Link.

6 Speichern Sie Ihre Präsentation ab.

2.9.8 Exportieren

Ihre nun fertige Präsentation sollten Sie unbedingt auf dem Rechner testen, mit dem Sie präsentieren. Andernfalls drohen böse Überraschungen: kein PowerPoint oder die falsche PowerPoint-Version, fehlende Schrift, kein Ton usw.

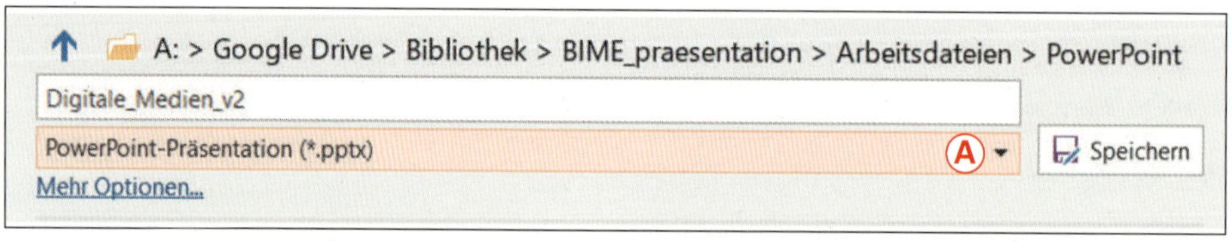

Wenn Sie an einem anderen Ort präsentieren müssen, haben Sie vielleicht nicht die Möglichkeit, den Rechner zu testen. In diesem Fall empfiehlt es sich, die Präsentation in zwei weiteren Versionen – als PDF und als abwärtskompatible PowerPoint-Präsentation – mitzunehmen.

PDF-Export – Making of...

1 Öffnen Sie im Menü *Datei > Als Adobe PDF* speichern.

2 Geben Sie den gewünschten Dateinamen ein und klicken Sie auf OK.

3 PDF-Dateien lassen sich mit dem kostenlosen und in der Regel installierten *Adobe Reader* öffnen.

4 Im Menü *Anzeige > Vollbildmodus* wird die PDF-Datei formatfüllend dargestellt.

5 Mit der Esc-Taste beenden Sie diesen Modus.

6 Beachten Sie, dass Animationen in der PDF-Datei leider nicht mehr funktionieren.

Abwärtskompatibel speichern – Making of...

1 Öffnen Sie im Menü *Datei > Speichern unter*.

2 Klicken Sie auf den Pfeil **A** und wählen Sie den Dateityp PowerPoint-97-2003-Präsentation (*.ppt).

3 Geben Sie den Dateinamen ein und klicken Sie auf *Speichern*.

2.10 Aufgaben

Design

1 Goldenen Schnitt anwenden

Eine Präsentation in der Auflösung 1.920 x 1.080 Pixel (Full HD) soll horizontal und vertikal nach dem Goldenen Schnitt (Verhältnis 3:5) aufgeteilt werden.

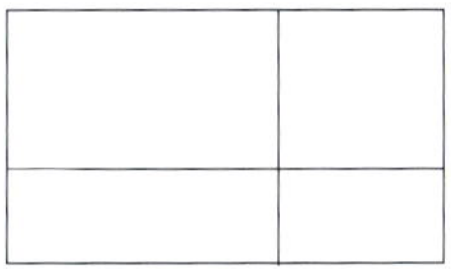

a. Berechnen Sie den Abstand der vertikalen Linie vom linken Rand in Pixel.

b. Berechnen Sie Abstand der horizontalen Linie vom oberen Rand in Pixel.

c. Zeichnen Sie die Linien ein. (Hinweis: Ein Kästchen hat die Größe von 120 x 120 Pixel)

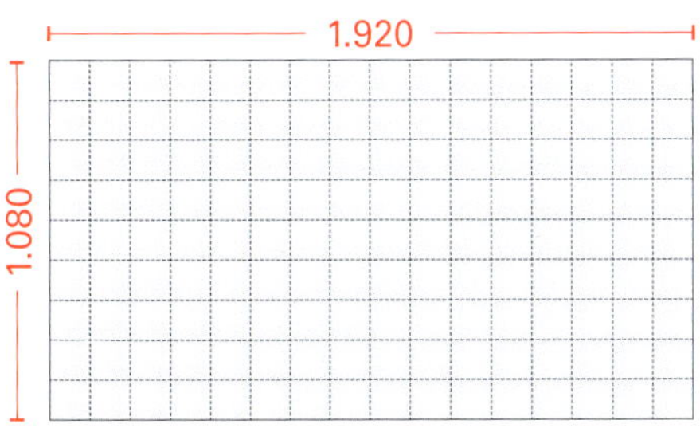

2 Weißraum verwenden

a. Definieren Sie Weißraum.

b. Erklären Sie seine gestalterische Funktion.

3 Bildmotive beurteilen

Gesucht ist ein Bildmotiv zum Thema *Teamwork*. Es stehen zwei Vorschläge zur Auswahl:

Für welchen Vorschlag entscheiden Sie sich? Begründen Sie Ihre Wahl.

4 Bildmetaphern finden

Eine Bildmetapher für das Thema *Ausblick* könnte sein:

- Horizont
- Fernglas
- Fenster

Finden Sie je zwei Bildmetaphern für:

a. Abstimmung

1.

2.

b. Projektbeginn

1.

2.

c. Unterstützung/Hilfe

1.

2.

5 Bildparameter kennen

Für Ihre Präsentation benötigen Sie ein Bild in einer Größe von 1000 x 800 px. Im Bildarchiv (hier: Pixabay) wird das Bild in folgenden Größen zur Vergügung gestellt:

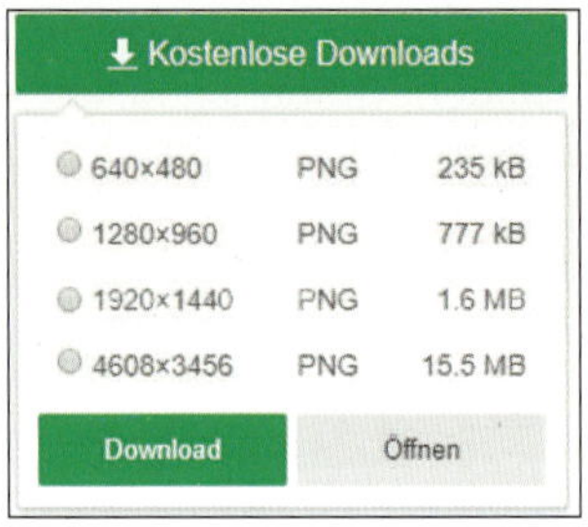

a. Kreuzen Sie an, in welcher Größe Sie das Bild downloaden.
b. Begründen Sie Ihre Wahl.

c. Nennen Sie den Vorteil des Dateiformats PNG im Vergleich zu JPG.

6 Lizenzmodelle kennen

Geben Sie an, unter welcher Bedingung Sie ein Bild verwenden dürfen, das mit folgendem Icon gekennzeichnet ist.

a. PUBLIC DOMAIN

b. CC BY SA

c. CC BY NC ND

7 Pixel- von Vektorgrafik unterscheiden

a. Erklären Sie den Hauptvorteil einer Vektorgrafik.

b. Nennen Sie ein Dateiformat für Vektorgrafiken.

8 Diagrammarten unterscheiden

Die wichtigsten Diagrammarten sind:

1 Balken- oder Säulendiagramm
2 Liniendiagramm
3 Kreisdiagramm

Geben Sie die geeignete Diagrammart an, um folgende Daten zu visualisieren.

a. Landesweite Entwicklung der Schülerzahl von 1980 bis heute.

b. Besitz eines Smartphones bei Jugendlichen von 12 bis 19 Jahre.

c. Liebungsfarben der Frauen, Angaben in Prozent

d. Anteil der Betriebssysteme Windows, Android und iOS bei Smartphones.

e. Monatliche Umsätze einer Firma im Jahr 2019

9 Skizzieren üben

Skizzieren Sie:

a. Rechtecke
b. Pfeile
c. Kreise
d. Gebäude: Haus, Turm, Burg, Brücke
e. Pflanzen: Baum, Blume
f. Maschinen: Auto, Fahrrad, Telefon
g. Menschen: Mann, Frau, Kind
h. Tiere: Hund, Katze, Vogel, Elefant

10 Schriftgröße bestimmen

Bei einer digitalen Präsentation muss darauf geachtet werden, dass die Schrift auch in der hintersten Reihe lesbar ist.

a. Nennen Sie die zwei Faktoren, von denen die erforderliche Schriftgröße abhängig ist.

1.

2.

b. Ein Raum ist 12 m lang, die Präsentationsfläche 2,5 m breit. Berechnen Sie mit Hilfe der Formel auf Seite 37 die erforderliche Schriftgröße.

11 Polaritätsprofil erstellen

Erstellen Sie ein Polaritätsprofil für die gegebene Schrift.

Polaritätsprofil einer Schrift						
Schriftbeispiel	Ich bin ein Schriftbeispiel					Schrift: Segoe Print
seriös						kindisch
interessant						langweilig
leserlich						unleserlich
elegant						billig
zeitgemäß						altmodisch
ausgeglichen						unruhig
zum Thema passend						ungeeignet
ansprechend						unangenehm
schlicht						übertrieben

12 Schriften wählen

a. Erklären Sie, worum es sich bei Systemschriften handelt?

b. Begründen Sie, weshalb Sie Systemschriften in Präsentationen verwenden.

c. Nennen Sie zwei Möglichkeiten, Nicht-Systemschriften zu verwenden.

13 Farbe gezielt einsetzen

Zählen Sie drei Funktionen von Farbe in Ihrer Präsentation auf.

1.

2.

3.

14 Farbkonstraste kennen

Gegeben sind folgende Farben:

1 2

3 4

5 6

7 8

Geben Sie für jeden Kontrast zwei Beispiele an, indem Sie die Nummern in die Kästchen eintragen.

a. Bunt-unbunt-Kontrast

b. Warm-kalt-Kontrast

c. Komplementärkontrast

d. Begründen Sie, weshalb Komplementärkontraste zu vermeiden sind.

2.

15 Farbharmonien finden

Sie erstellen eine Präsentation für einen Tierschutzverein. Hierzu benötigen Sie vier Farben, die zum Thema passen und die miteinander harmonieren.

a. Notieren Sie stichwortartig, welche Farbassoziationen Sie beim Thema *Tiere* haben.

b. Verwenden Sie zur Farbsuche *Adobe Color* (color.adobe.com/de). Notieren Sie die RGB-Werte der vier Farben.

1. R: G: B:
2. R: G: B:
3. R: G: B:
4. R: G: B:

16 Animationen sinnvoll einsetzen

Mit Hilfe einer Animation lässt sich eine komplexe Grafik nach und nach einblenden. Erklären Sie zwei Vorteile dieser Vorgehensweise.

1.

17 Videotechnik kennen

Ihr Video wird in der Präsentationssoftware nicht abgespielt. Nennen Sie zwei Maßnahmen, die Sie treffen können.

1.

2.

18 Videofilmen

Formulieren Sie vier Grundregeln des Videofilmens.

1.

2.

3.

4.

3.1 Präsentationsmedien

„Ich mach' eine PowerPoint." Diesen Satz hören wir oft – Präsentieren und PowerPoint werden quasi synonym verwendet. Aber: Um gut zu präsentieren, brauchen wir nicht zwangsläufig PowerPoint. Die Wahl des geeigneten Präsentationsmediums hängt von vielen Faktoren ab – digitale Präsentationen sind nicht immer optimal. Machen Sie sich im Voraus Gedanken darüber, ob ein analoges Medium für Ihre Zwecke nicht besser geeignet ist.

3.1.1 Das „optimale" Medium

Wie aber finden Sie das „optimale" Medium? Die Beantwortung der Fragen soll Ihnen bei der Entscheidung helfen.

Wie groß ist mein Publikum?
In Kleingruppen können Sie alle Medien einsetzen, in großen Gruppen (und damit in großen Räumen) scheiden analoge Medien wie Flipchart, Metaplan oder Plakate aus.

Will ich mich gut vorbereiten können?
Digitale Präsentationen können Sie im Unterschied zu allen handschriftlichen Medien im Voraus vorbereiten. Dies gibt Sicherheit und reduziert das Lampenfieber vor Ihrem „Auftritt".

Will ich von der Technik unabhängig sein?
Sie können alles x-mal im Voraus testen, ein Restrisiko bleibt immer, dass der Beamer kein Bild zeigt. Und schon steigt der Adrenalinspiegel an … Bei wichtigen Präsentationen brauchen Sie immer auch einen Plan B.

Will ich präsentieren oder moderieren?
Längere Präsentationen sind generell fragwürdig, im schulischen Kontext erst recht. Hier sind Moderationen mit aktiver Beteiligung des Publikums die bessere Wahl. Digital brauchen Sie hierfür ein interaktives Whiteboard oder ein Tablet. Analoge Medien sind für Interaktion ideal geeignet.

Brauche ich multimediale Komponenten?
Bei analogen Medien sind Sie auf Schrift, Zeichnungen, Skizzen und eventuell großformatige Ausdrucke beschränkt. In digitalen Medien können Sie Animationen, Sounds, Videos, Webseiten einsetzen – ein echter Mehrwert.

Müssen die Ergebnisse verteilt werden?
Aus digitalen Präsentationen können Sie Handouts ausdrucken und austeilen. Die Ergebnisse analoger Medien müssen abgeschrieben oder abfotografiert werden. Dies kann – vor allem in der Schule – auch erwünscht sein.

3.1.2 Medienwechsel

Vor allem längere Sequenzen wie Schulstunden oder Vorlesungen werden dadurch interessant und kurzweilig, dass mehrere Medien zum Einsatz kommen. Medienwechsel sorgt nicht nur für Abwechslung, sondern auch dafür, dass Sie in jeder Phase das ideale Medium auswählen können.

Einer (kurzen) präsentierenden Phase schließt sich möglicherweise eine Erarbeitungsphase an der Tafel an. Die Ergebnisse einer Gruppenarbeit werden auf Metaplan präsentiert, spontane Fragen werden auf Flipchart notiert usw.

P. Bühler et al., *Präsentation*, Bibliothek der Mediengestaltung,
https://doi.org/10.1007/978-3-662-55516-3_3

3.2 Laptop/Tablet – Beamer

3.2.1 Pro und Contra

Beamer, die korrekterweise als Daten- oder Videoprojektoren bezeichnet werden, stellen das am meisten genutzte Präsentationsmedium dar. Ihre Ablösung durch großformatige Displays, die aktuell im Vergleich zu Beamern noch relativ teuer sind, ist allerdings zu erwarten.

Heutige Beamer sind klein, handlich und somit flexibel einsetzbar. Die Anschaffungskosten für Beamer sind deutlich gesunken, ihre Qualität hat sich hingegen verbessert. Gute Beamer sind mittlerweile so lichtstark, dass eine Verdunklung des Raums nicht mehr nötig ist. Beamer eignen sich für Präsentationen vor kleinem oder sehr großem Publikum. Bildschirmpräsentationen lassen sich sehr gut vorbereiten, sie können neben Text und Bild multimediale Komponenten wie Videos oder Animationen enthalten.

Der Nachteil des Beamers ist die Abhängigkeit von der Technik: Bei Ausfall der Lampe oder einem anderen Defekt haben Sie ein Problem. Bei wichtigen Präsentationen müssen Sie sich gegen diesen „Worst Case“ absichern und einen „Plan B“ in der Tasche haben.

PC/Laptop/Tablet und Beamer	
Für Publikum bis 10 Personen	sehr gut geeignet
Für Publikum bis 50 Personen	sehr gut geeignet
Für Publikum über 100 Personen	sehr gut geeignet
Optimale Vorbereitung	sehr gut geeignet
Professionelle Gestaltung (am PC)	sehr gut geeignet
Unabhängigkeit von Technik	ungeeignet
Moderation (statt Präsentation)	weniger geeignet
Informationen lange sichtbar	ungeeignet
Bilder, Grafiken, Text	sehr gut geeignet
Video, Sound, Webseiten	sehr gut geeignet
Handschriftliche Ergänzungen	weniger geeignet
Handout	sehr gut geeignet
Sicherung der Ergebnisse	sehr gut geeignet
Wiederholung der Präsentation	sehr gut geeignet

● sehr gut geeignet ● weniger geeignet ● ungeeignet

3.2.2 Handling

Schnittstellen

Die Verbindung des Beamers mit dem Desktop-PC oder Laptop erfolgt über eine der beiden Schnittstellen, die Sie auf der Rückseite des Beamers finden:

- *VGA* **A**: Die analoge Schnittstelle ist mittlerweile veraltet und überträgt nur das Bild (ohne Ton).
- *HDMI* **B**: Die digitale Standard-Schnittstelle überträgt Bild und Ton. Sie können somit den im Beamer eingebauten Lautsprecher nutzen. (In großen Räumen reicht er eventuell nicht aus, so dass Sie besser einen externen Lautsprecher verwenden.)

MacBooks verfügen weder über *VGA* noch über *HDMI*, sondern entweder über einen *MiniDisplay*-Port (ältere Modelle) oder über *Thunderbolt*. Zur Verbindung brauchen Sie einen Adapterstecker.

Komponenten

Für die Verbindung von Laptop/PC und Beamer brauchen Sie:

- Verbindungskabel (VGA, HDMI)
- Presenter zur Fernsteuerung (bei Tablets nicht erforderlich)

Optional benötigen Sie:

- Adapterstecker (bei MacBooks)
- Mehrfachsteckdose, Verlängerungskabel
- Lautsprecher

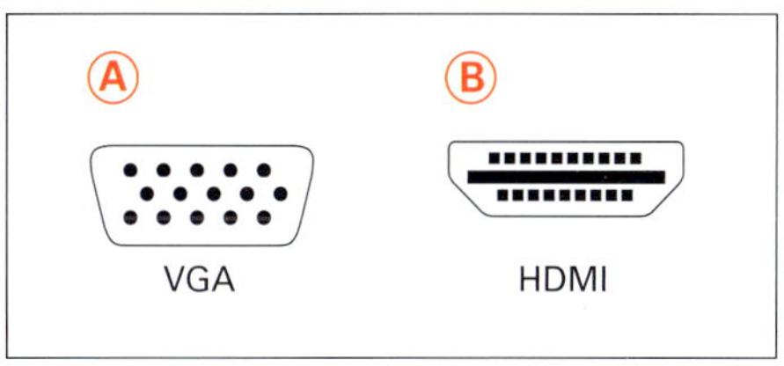

Desktop-PC/Laptop – Beamer
Making of …

1. Verbinden Sie Laptop/Tablet und Beamer über *VGA* oder *HDMI*. Schließen Sie ggf. einen externen Lautsprecher am Laptop an.

2. Schalten Sie zuerst den Beamer ein, danach PC oder Laptop ein. Wird der Beamer *nicht* erkannt, führen Sie die Schritte 3 bis 6 durch.

3. Überprüfen Sie, ob die Kabelverbindung korrekt hergestellt wurde.

4. Prüfen Sie mit Hilfe der Fernbedienung des Beamers, ob der korrekte Eingang ausgewählt ist. Betätigen Sie mehrmals die Taste *Source* oder *Quelle*, um die Eingänge zu testen. Auf manchen Fernbedienungen gibt es hierfür auch Tasten (Computer, HDMI, Video o. Ä.)

5. Bei Windows: Betätigen Sie die Tastenkombination ⊞ P und wählen Sie *Duplizieren* **C**.

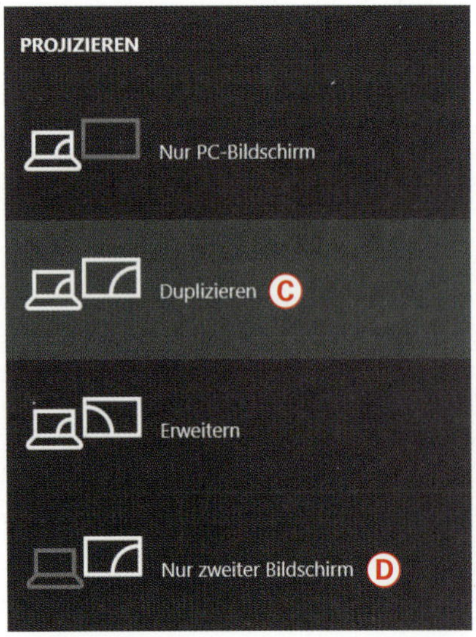

6. Testen Sie die Option *Nur zweiter Bildschirm* **D**, falls das Bild auf der Projektionswand verzerrt dargestellt wird („Ei" statt Kreis). Ihre Präsentation sehen Sie dann natürlich nur noch auf der Leinwand.

7. Mobile Beamer müssen Sie gegebenenfalls noch ausrichten: Drehen Sie ihn, um eine horizontale Verzerrung zu korrigieren **E**. Führen Sie mit der Fernbedienung eine Trapez- oder Keystone-Korrektur durch, um eine vertikale Verzerrung zu korrigieren **F**.

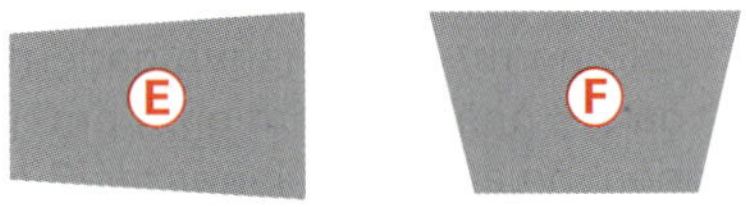

Smartphone/Tablet – Beamer
Der Vorteil des Präsentierens mit Tablet oder Smartphone ist, dass Sie sich nicht vom Publikum abwenden müssen, um Ihre Präsentation zu sehen.

Zur kabellosen Verbindung mobiler Endgeräte mit dem Beamer gibt es unterschiedliche technische Lösungen, z. B. Apple TV, Miracast, Chromecast, EZCast. Gemeinsames Merkmal dieser Geräte ist, dass sie ein WLAN erzeugen, in dem man sich dann mit seinem Endgerät anmelden kann.

Es würde den Rahmen dieses Buches bei weitem sprengen, wollten wir hier auf die diversen technischen Lösungen eingehen. Dies ist jedoch auch nicht Ihr „Job", sondern Sache des Netzwerkadministrators der Schule oder Institution. Er kann Ihnen Auskunft erteilen, ob und wie Sie mit einem mobilen Endgerät präsentieren können.

3.3 Visualizer – Beamer

3.3.1 Pro und Contra

Mit einem Visualizer, auch als *Dokumentenkamera* bezeichnet, gelangen Sie in die dritte Dimension – 3D! Herzstück des Präsentations- und Unterrichtsmediums ist eine Kamera, mit der über einen Beamer nicht nur Text, Grafiken und Bilder präsentiert werden können, sondern auch Objekte oder Live Experimente. Kein anderes Medium bietet diese Option.

Das Publikum lässt sich perfekt einbeziehen, weil sich – im Unterschied zum veralteten Overheadprojektor – beschriebenes Papier projizieren lässt. Durch eine Zoomfunktion lassen sich Details betrachten, z. B. Abbildungen aus einem Buch oder Skizzen. Ob Bleistift oder Füller, Hand- oder Computerschrift, kleine oder große Schrift – mit einem Visualizer sind Sie sehr flexibel. Da zur Projektion ein Beamer benötigt wird, bietet sich die Kombination von Visualizer und Bildschirmpräsentation an. Per Knopfdruck können Sie zwischen den Medien „switchen". Außerdem können Sie die von der Kamera aufgenommenen Bilder digital speichern.

Wie die Tabelle zeigt, spricht wenig gegen den Visualizer, weshalb er zum festen Bestandteil im Unterricht geworden ist. Was sich in der Unterrichtspraxis als störend erweist, ist die relativ große Abhängigkeit von den aktuellen Lichtverhältnissen im Raum.

Visalizer und Beamer	
Für Publikum bis 10 Personen	● sehr gut geeignet
Für Publikum bis 50 Personen	● sehr gut geeignet
Für Publikum über 100 Personen	● sehr gut geeignet
Optimale Vorbereitung	● sehr gut geeignet
Professionelle Gestaltung (am PC)	● sehr gut geeignet
Unabhängigkeit von Technik	● ungeeignet
Moderation (statt Präsentation)	● sehr gut geeignet
Informationen lange sichtbar	● ungeeignet
Bilder, Grafiken, Text	● weniger geeignet
Video, Sound, Webseiten	● ungeeignet
Handschriftliche Ergänzungen	● sehr gut geeignet
Handout	● sehr gut geeignet
Sicherung der Ergebnisse	● sehr gut geeignet
Wiederholung der Präsentation	● sehr gut geeignet

● sehr gut geeignet ● weniger geeignet ● ungeeignet

3.3.2 Handling

Im Normalfall sollte der Visualizer in einem Schul- oder Seminarraum bereits mit dem Beamer verbunden sein. Falls dies nicht der Fall ist, können Sie diese Verbindung sehr einfach herstellen.

Making of …

1 Verbinden Sie Visualizer und Beamer über *VGA* **A** oder *HDMI* **B**.

2 Falls Sie zusätzlich mit einem Laptop präsentieren möchten, schließen Sie diesen ebenfalls über *VGA* **C** oder *HDMI* **D** am Visualizer an.

3 Schalten Sie Beamer und Visualizer ein. Wird der Beamer *nicht* erkannt, führen Sie Schritt 3 bis 5 des „Making of …" auf Seite 70 durch.

4 Falls auch ein Laptop angeschlossen ist, stellen Sie am Visualizer ein, ob das Bild des Visualizers oder des Laptops projiziert wird.

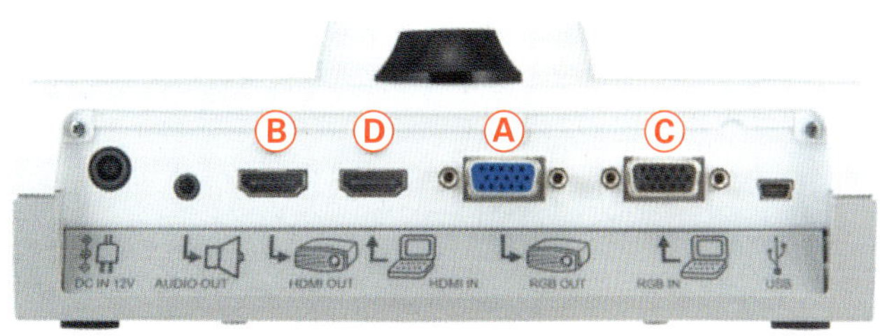

3.4 Metaplan

3.4.1 Pro und Contra

Der Markenname Metaplan steht stellvertretend für eine weit verbreitete Moderations- und Präsentationsmethode. Dabei werden die Inhalte auf Moderationskarten geschrieben und an Pinnwänden strukturiert.

Der wesentliche Vorteil dieser Methode liegt in ihrer hohen Flexibilität. Die beschriebenen Kärtchen können einfach und schnell ohne technischen Aufwand verändert werden. Beiträge aus dem Publikum können Sie dadurch direkt in Ihrer Präsentation berücksichtigen und in das Ergebnis mit einfließen lassen. Metaplan wirkt, im Gegensatz zu „sterilen" Overhead- oder Bildschirmpräsentationen, durch die Handschrift immer individuell, so dass Sie hierdurch einen persönlicheren Bezug zu Ihrem Publikum herstellen.

Als problematisch erweist sich, dass sich Pinnwände schlecht transportieren lassen. Außerdem lassen sich die Ergebnisse Ihrer Präsentation nicht als „Handout" im Publikum verteilen. Die einzige Möglichkeit besteht darin, die Pinnwand abzufotografieren und das Bild auszudrucken – eine wenig professionelle Vorgehensweise.

Metaplan	
Für Publikum bis 10 Personen	● (sehr gut geeignet)
Für Publikum bis 50 Personen	● (weniger geeignet)
Für Publikum über 100 Personen	● (ungeeignet)
Optimale Vorbereitung	● (ungeeignet)
Professionelle Gestaltung (am PC)	● (ungeeignet)
Unabhängigkeit von Technik	● (sehr gut geeignet)
Moderation (statt Präsentation)	● (sehr gut geeignet)
Informationen lange sichtbar	● (sehr gut geeignet)
Bilder, Grafiken, Text	● (weniger geeignet)
Video, Sound, Webseiten	● (ungeeignet)
Handschriftliche Ergänzungen	● (sehr gut geeignet)
Handout	● (ungeeignet)
Sicherung der Ergebnisse	● (ungeeignet)
Wiederholung der Präsentation	● (weniger geeignet)

● sehr gut geeignet ● weniger geeignet ● ungeeignet

3.4.2 Materialien

Pinnwände
Die Pinnwände bestehen aus leichten Schaumstoffplatten mit zwei Ständern. Ihre Arbeitsfläche ist meist 145 cm hoch und 125 cm breit. Zum einfacheren Transport gibt es zerlegbare und auch fahrbare Stellwände.

Packpapier
Bespannen Sie die Metaplanwände grundsätzlich immer mit Packpapier. Verwenden Sie dazu ca. 140 cm langes und 120 cm breites festes, hellbraunes Packpapier. An den oberen Rand sollten Sie dabei mehrere Pinnnadeln als griffbereiten Vorrat stecken.

Moderationskarten
Moderationskarten sind als Rechtecke, Ovale oder Kreise erhältlich. Durch diagonales Zerschneiden von Rechtecken erhalten Sie Dreiecke, die als Pfeile dienen können.

Sie sollten für Ihre Präsentation ein durchgängiges Formen- und Farbschema wählen. Mit den Farben und Formen der Kärtchen strukturieren und gliedern Sie die Inhalte Ihrer Präsentation.

Filzstifte
Die Filzstifte sollten keine runde, sondern eine schräge, geteilte Spitze haben. Sie können damit Linien verschiedener Stärke zeichnen. Ihre Schrift wird besser lesbar und durch die automatische Variation der Strichstärke akzentuiert. Verwenden Sie die breite Schreibkante des Stiftes für Überschriften und die schmale Schreibkante für die Grundtexte.

Klebepunkte
Klebepunkte in verschiedenen Farben dienen als weiteres Gestaltungselement zur visuellen Gewichtung. Sie können beispielsweise dazu genutzt werden, das Publikum abstimmen zu lassen.

Weitere Hilfsmittel
- Pinnnadeln
- Klebestifte
- Klebe- oder Kreppband
- Schere

3.4.3 Handling

Gliederung und Layout
Die Gliederung und das Layout Ihrer Visualisierung müssen Sie ebenso sorgfältig planen und vorstrukturieren wie Ihre gesamte Präsentation. Es genügt nicht, wenn Sie die Kärtchen vorbereiten. Die Anordnung, Reihenfolge und Verknüpfung der Elemente müssen ebenfalls vorher geplant werden.

Durch die Kombination verschiedener Kärtchen können Sie auf einfache Art und Weise Hervorhebungen erzielen. Durch mit Filzstift direkt auf das Packpapier gezeichnete Linien gliedern, trennen oder verbinden Sie verschiedene Elemente.

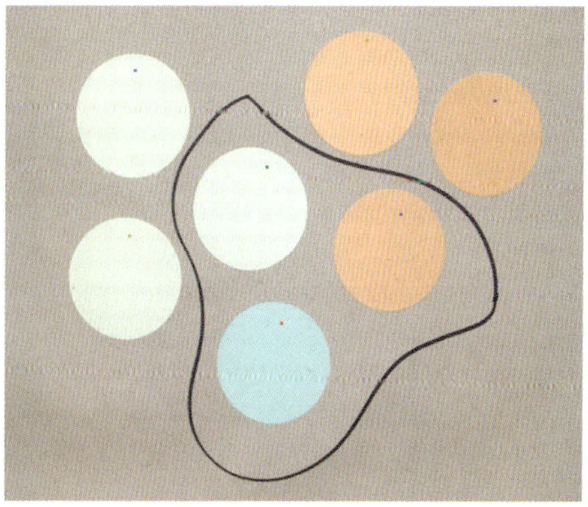

Reihenfolge
Die Reihenfolge, in der Sie die einzelnen Elemente während Ihres Vortrags an die Stellwand anpinnen, ist ein wichtiger Teil der Abfolge Ihrer Präsentation. Ähnlich wie bei einer Beamerpräsentation zeigen Sie die Inhalte erst dann, wenn sie auch Gegenstand der Präsentation sind.

Vortrag
Grundsätzlich gelten für die Präsentation mit Metaplan natürlich die gleichen Regeln wie für jede Präsentation. Darüber hinaus sollten Sie aber einige spezifische Dinge beachten:
- Halten Sie sich an Ihr Layout. Machen Sie es nicht durch spontane Änderungen kaputt.
- Lesen Sie jedes Kärtchen vor, bevor Sie es anpinnen.
- Zeigen Sie auf den Teil, der gerade Gegenstand Ihrer Präsentation ist.

3.5 Plakat

3.5.1 Pro und Contra

Plakate kommen bei Präsentationen in zwei Versionen zum Einsatz:

- Das Ergebnis einer (Gruppen-) Arbeitsphase wird auf Lernplakaten zusammengefasst und anschließend präsentiert. Diese Plakate werden normalerweise von Hand erstellt.
- Die Präsentation findet in Form einer Plakatausstellung statt. Plakate für diesen Zweck können professionell am PC gestaltet werden.

Plakate haben gegenüber den Folien einer Beamerpräsentation den Vorteil der Präsenz über einen längeren Zeitraum hinweg. Ihr Publikum hat ausreichend Zeit, das oder die Plakate ausgiebig zu betrachten, erst recht, wenn sie auch nach der Präsentation im Saal ausgehängt bleiben.

Der Einsatz von Plakaten *während* der Präsentation macht nur Sinn, wenn die Größe Ihres Publikums auf etwa zwanzig Personen begrenzt ist. Es muss gewährleistet sein, dass auch die Zuschauer in der letzten Reihe kein Opernglas benötigen, um das Plakat zu entziffern. Ein weiterer Nachteil besteht darin, dass Plakate abfotografiert werden müssen, um sie als Handout an das Publikum zu verteilen.

Plakat	
Für Publikum bis 10 Personen	● (sehr gut geeignet)
Für Publikum bis 50 Personen	● (weniger geeignet)
Für Publikum über 100 Personen	● (ungeeignet)
Optimale Vorbereitung (bei manueller Erstellung)	● (weniger geeignet)
Professionelle Gestaltung (am PC)	● (sehr gut geeignet)
Unabhängigkeit von Technik	● (sehr gut geeignet)
Moderation (statt Präsentation)	● (ungeeignet)
Informationen lange sichtbar	● (sehr gut geeignet)
Bilder, Grafiken, Text	● (sehr gut geeignet)
Video, Sound, Webseiten	● (ungeeignet)
Handschriftliche Ergänzungen	● (ungeeignet)
Handout	● (ungeeignet)
Sicherung der Ergebnisse	● (weniger geeignet)
Wiederholung der Präsentation	● (sehr gut geeignet)

● sehr gut geeignet ● weniger geeignet ● ungeeignet

3.5.2 Handling

Plakate werden bereits im Vorfeld der Präsentation erstellt, so dass Sie, im Unterschied zu Metaplan, Flipchart und Tafel, während der Präsentation keine Arbeit mehr damit haben.

Plakate gestalten

Plakatgestaltung ist eine Kunst! Ein Plakat sagt ohne oder mit wenigen Worten sehr viel aus. Ein gutes Plakat begeistert, fasziniert, lässt uns staunen, regt zum Nachdenken an. Egal ob das Plakat manuell oder am Computer erstellt wird: Damit ein Plakat auch *plakativ* wird, braucht es

- einen Blickfang (Eyecatcher),
- eine Überschrift oder einen Titel,
- eine klare Struktur,
- Bilder oder manuell erstellte Zeichnungen
- und muss gut lesbar sein.

Regeln zum Zeichnen finden Sie auf Seite 31, für Handschrift auf Seite 39.

Plakate ausstellen

Für Plakate, die für eine Ausstellung gestaltet werden, gelten andere Regeln als für Plakate, mit denen präsentiert wird. Da sich die Betrachter direkt vor dem Plakat befinden, können Sie mehr Informationen unterbringen als auf einem Plakat, das Teil Ihrer Präsentation ist. Die Texte können länger und ausführlicher sein, die Bilder und Grafiken detaillierter, da sich die Betrachter längere Zeit vor dem Plakat aufhalten.

Aber auch hier gilt das KISS-Prinzip (Keep it small and simple). Plakate als Teil einer Ausstellung müssen selbsterklärend sein.

3.6 Flipchart

3.6.1 Pro und Contra

Flipcharts sind unentbehrliche Hilfsmittel für Präsentationen und Besprechungen und werden überwiegend in der Arbeitswelt eingesetzt. Bei Seminaren, Vorträgen, Schulungen und Präsentationen wird gerne mit diesem unkomplizierten und kostengünstigen Präsentationsmedium gearbeitet.

Ideal ist das Flipchart durch seine einfache Handhabung. Sie können es sowohl als Präsentationsmedium als auch als aktives Arbeitsinstrument einsetzen. Bei der Verwendung als Präsentationsmedium zeigen Sie auf bereits vorbereitete Informationen. Als Arbeitsinstrument ermöglicht ein Flipchart das Festhalten von Arbeitsergebnissen, z. B. bei Workshops.

Bei Zusammenfassungen von Arbeitsergebnissen wird durch das Verwenden eines Flipcharts die Konzentration einer Arbeitsgruppe wieder auf einen Punkt gelenkt. Aufgrund seiner Größe ist ein Flipchart nur bei kleinen Gruppen einsetzbar. Die Präsentations- oder Arbeitsergebnisse können nicht direkt als „Handout" verteilt werden, sondern müssen abgeschrieben oder abfotografiert werden.

Flipchart	
Für Publikum bis 10 Personen	sehr gut geeignet
Für Publikum bis 50 Personen	weniger geeignet
Für Publikum über 100 Personen	ungeeignet
Optimale Vorbereitung (bei manueller Erstellung)	weniger geeignet
Professionelle Gestaltung (am PC)	ungeeignet
Unabhängigkeit von Technik	sehr gut geeignet
Moderation (statt Präsentation)	sehr gut geeignet
Informationen lange sichtbar	sehr gut geeignet
Bilder, Grafiken, Text	weniger geeignet
Video, Sound, Webseiten	ungeeignet
Handschriftliche Ergänzungen	sehr gut geeignet
Handout	ungeeignet
Sicherung der Ergebnisse	weniger geeignet
Wiederholung der Präsentation	sehr gut geeignet

● sehr gut geeignet ● weniger geeignet ● ungeeignet

3.6.2 Materialien

Flipchart

Ein Flipchart besteht aus einer festen Kunststoff- oder Metallplatte auf einem Metallständer. Auf der Platte wird mittels einer Klemmvorrichtung ein großformatiger Papierblock in Form eines Abreißblocks angebracht. Die Größe des Blocks weist üblicherweise das Format 70 x 100 cm auf. Der Papierblock ist in der Regel unliniert, manchmal wird kariertes Papier mit einem ca. 10 x 10 cm großen Raster verwendet.

Stifte
Sie können mit dicken farbigen Markern (Edding) auf den Flipchart-Papierblock schreiben und zeichnen. Den Block verwenden Sie wie eine Tafel oder ein Whiteboard. Alternativ können auch bereits vorbereitete Ausdrucke aufgeklebt werden. Im Unterschied zu Tafel und Whiteboard gibt es beim Flipchart allerdings nicht die Möglichkeit des Löschens.

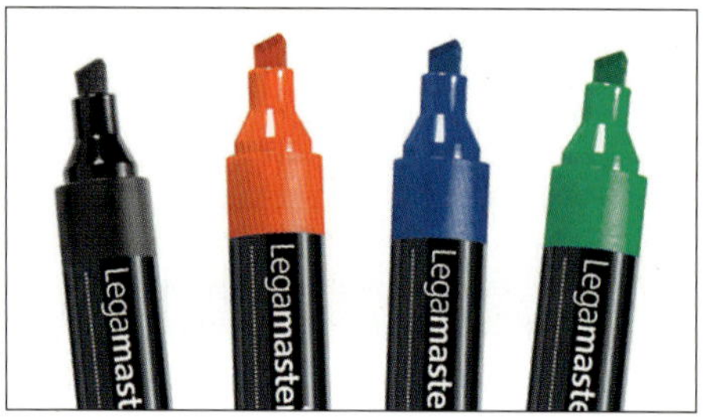

3.6.3 Handling

Aufstellung
Ein Flipchart müssen Sie gut sichtbar im Raum aufstellen. Ist Ihr Zuhörerkreis groß, ist es vorteilhaft, wenn Ihr Flipchart etwas erhöht steht. Dadurch wird die Lesbarkeit für die Teilnehmer Ihrer Präsentation deutlich verbessert.

Sie können ein Flipchart bei Gruppengrößen bis maximal 20 Personen sinnvoll verwenden. Für größere Gruppen ist dieses Präsentationshilfsmittel nicht geeignet, da die Darstellungsfläche von etwa einem Quadratmeter zu klein und die Lesbarkeit daher nicht mehr gegeben ist.

Nutzung
Beachten Sie folgende Regeln bei der Verwendung eines Flipcharts in Ihrer Präsentation:

- Vermeiden Sie viel Text, schreiben Sie stichwortartig oder in Halbsätzen. Geben Sie jeder Seite eine Überschrift.
- Verwenden Sie Groß- und Kleinschreibung und Druckbuchstaben. Flipchart-Papier mit Gitterlinien macht das Schreiben einfacher.
- Schreiben Sie in einer angemessen großen Schrift, die auch in der letzten Reihe gelesen werden kann. Die Regel zur Schriftgröße finden Sie auf Seite 39.
- Zeichnen Sie übersichtlich, klar und deutlich, so dass Skizzen auch in der letzten Reihe noch erkannt und verstanden werden. Beachten Sie die Regeln auf Seite 31f.
- Entwerfen Sie Bilder, Grafiken und Diagramme zuerst auf DIN-A4-Papier, bevor Sie diese auf ein Flipchart zeichnen.
- Zeichnen Sie schwierige Grafiken mit einem feinen Bleistift vor, bevor Sie die Filzstifte benutzen.
- Setzen Sie Farben nicht willkürlich, sondern zur Benutzerführung ein.
- Achten Sie auf eine ausreichende, blendfreie Beleuchtung.
- Machen Sie sich vor Ihrer Präsentation mit dem Papierwechsel vertraut – üben Sie das Umblättern und Abreißen der Papierbögen.
- Legen Sie Ersatzpapier und -stifte bereit.
- Verwenden Sie klare und eindeutige Symbole bei Ihren Darstellungen. Setzen Sie für eine festgelegte Bedeutung immer das gleiche Symbol ein.
- Dynamisieren Sie Ihren Vortrag durch Ergänzungen während der Präsentation. Setzen Sie in vorbereitete Blätter Punkte, Symbole (z. B. Wolke, Sprechblase, Ausrufezeichen) ein.
- Mit dem Bleistift können Sie Anmerkungen und wichtige Begriffe für den Vortrag auf das Blatt vorschreiben, ohne dass es die Zuschauer sehen.

3.7 Tafel und Whiteboard

3.7.1 Pro und Contra

Die Tafel wird manchmal belächelt und als Medium aus der „Kreidezeit" abgetan, dennoch ist sie aus Unterricht und Lehre nicht wegzudenken. Als Alternative zur grünen Kreidetafel kommen Whiteboards zum Einsatz, die mit Filzstiften beschrieben werden.

Tafeln oder Whiteboards sind einfach in ihrer Handhabung und gestatten es in idealer Weise, das Publikum in eine Präsentation mit einzubeziehen. Durch die schrittweise Entwicklung eines Tafelbildes kann dieses sehr gut nachvollzogen werden. Der Lerneffekt ist deshalb höher als bei Präsentationen, die nur Endprodukte zeigen. Außerdem kann der Präsentierende spontan von seinem Konzept abweichen, wenn er es aus der Situation heraus für notwendig erachtet. Eine Tafel eignet sich nicht nur zum Beschreiben: Mittels Haftstreifen oder kleinen Magneten lassen sich Plakate, Diagramme, Grafiken oder Moderationskarten anbringen.

Der Nachteil eines Tafelbildes ist seine kurze Lebensdauer. Um die Ergebnisse der Präsentation zu sichern, muss das Tafelbild abgeschrieben oder abfotografiert werden. Beide Methoden sind wenig geeignet, dem Publikum die Ergebnisse nach der Präsentation mitzugeben. Wie bei Flipchart und Metaplan ist eine ausreichend große und leserliche Handschrift Voraussetzung, damit auch Zuschauer in den hinteren Reihen alles gut lesen können.

Tafel/Whiteboard	
Für Publikum bis 10 Personen	● (grün)
Für Publikum bis 50 Personen	● (grün)
Für Publikum über 100 Personen	● (gelb)
Optimale Vorbereitung (bei manueller Erstellung)	● (gelb)
Professionelle Gestaltung (am PC)	● (rot)
Unabhängigkeit von Technik	● (grün)
Moderation (statt Präsentation)	● (grün)
Informationen lange sichtbar	● (grün)
Bilder, Grafiken, Text	● (gelb)
Video, Sound, Webseiten	● (rot)
Handschriftliche Ergänzungen	● (grün)
Handout	● (rot)
Sicherung der Ergebnisse	● (gelb)
Wiederholung der Präsentation	● (rot)

● sehr gut geeignet ● weniger geeignet ● ungeeignet

3.7.2 Handling

Ein Tafelbild muss vorbereitet werden. Neben der Schrift können Sie auch andere Gestaltungselemente wie Zeichnungen, Bilder, Linien, Pfeile, Punkte benutzen. Wichtig dabei ist, dass Schrift und Zusatzelemente immer zielgerichtet und in der gleichen Bedeutung und Systematik eingesetzt werden. Dadurch ist es möglich, dass Sie für Ihre Zuschauer den „roten Faden" einer Präsentation sichtbar machen.

Um mit einer Tafel und einem Whiteboard richtig umzugehen, sollten Sie folgende Grundregeln beachten:

- Entwerfen Sie Ihre Tafelpräsentation immer auf Papier. Legen Sie Inhalt, Proportion und Einteilung fest.

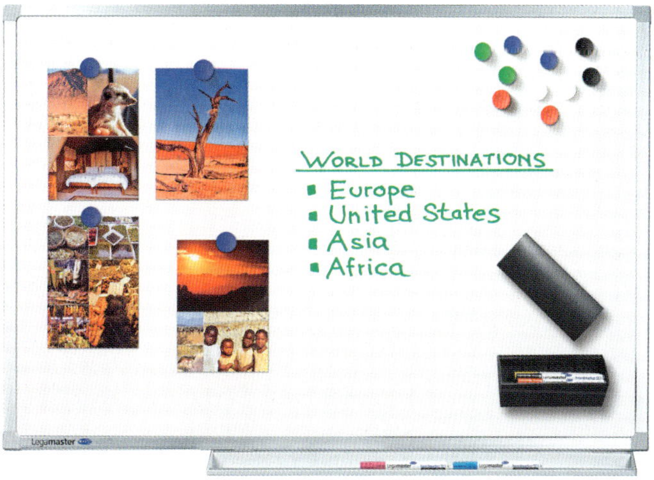

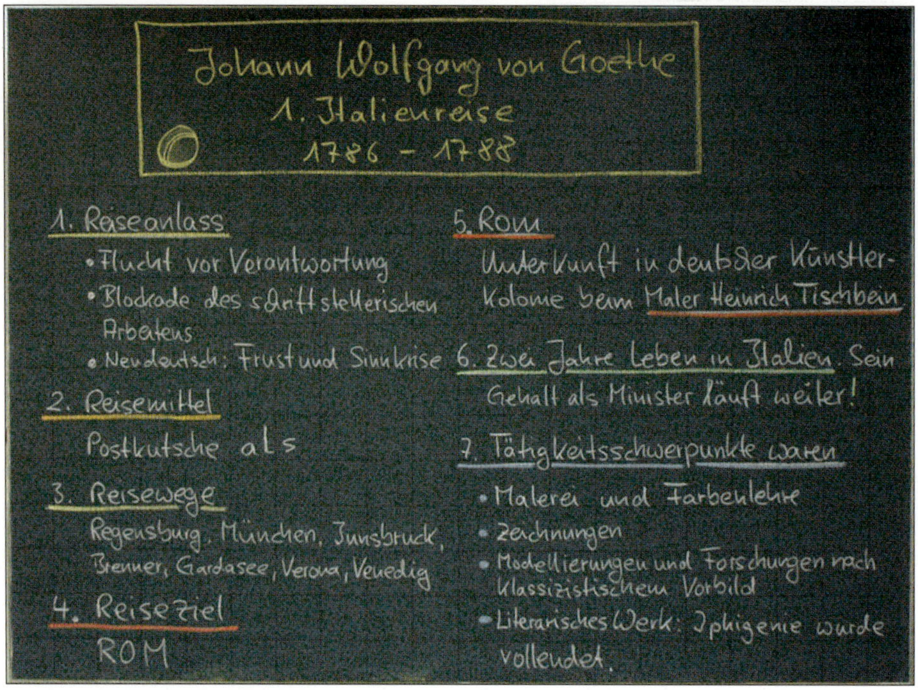

- Passen Sie die Schriftgröße an die Raumsituation an (siehe Seite 39). Testen Sie die Lesbarkeit aus der hintersten Reihe.
- Üben Sie das Schreiben auf Tafel oder Whiteboard in einer Druckschrift wie auf Seite 39 vorgeschlagen.
- Schreiben Sie, vor allem am Anfang, langsam auf die Tafel. Dies erhöht die Darstellungsqualität Ihres Schriftbildes und gibt Ihnen Sicherheit für das gute Aussehen Ihrer Tafelpräsentation.
- Verwenden Sie Groß- und Kleinbuchstaben.
- Versehen Sie das Tafelbild mit einer Überschrift, z. B. dem Thema der Präsentation.
- Bilden Sie eindeutige Textblöcke aus kurzen Sätzen. Sie können auch Stichworte verwenden, die Gedanken und Ideen gut transportieren.
- Verwenden Sie die gleiche Schriftgröße für gleichartige Aussagen.
- Beachten Sie unsere Lesegewohnheiten – wir lesen von links oben nach rechts unten.
- Verwenden Sie das Rastersystem der Tafel zu Ihrer Orientierung.
- Stellen Sie Zusammenhänge durch Farben, Linien und Formen her.
- Schreiben Sie immer auf einer gut geputzten und, bei Kreidetafeln, trockenen Tafel.
- Verwenden Sie für Whiteboards nur spezielle, wasserlösliche Whiteboard-Stifte. Whiteboards dürfen unter keinen Umständen mit wasserunlöslichen Stiften beschrieben werden!
- Halten Sie einen trockenen Lappen für eventuelle Korrekturen bereit.

3.8 Aufgaben

1 Präsentationsmedien wählen

Nennen Sie je zwei geeignete Präsentationsmedien, um

a. ein großes Publikum zu erreichen.

b. die Teilnehmer einbeziehen zu können.

c. die Visualisierung am Computer vorbereiten zu können.

d. den Teilnehmern die Ergebnisse der Präsentation als Handout zur Verfügung stellen zu können.

e. möglichst spontan agieren und reagieren zu können.

f. möglichst flexibel zu sein, z. B. den Raum wechseln zu können.

2 Präsentationsmedien beurteilen

Zur Auswahl stehen folgende Präsentationsmedien:

1. Tafel/Whiteboard
2. Flipchart
3. Metaplan
4. Visualizer am Beamer
5. Laptop/Tablet am Beamer

Sortieren Sie die Präsentationsmedien von *gut geeignet* bis *ungeeignet*, indem Sie die Nummern in die Kästchen eintragen.

a. Geringer Vorbereitungsaufwand

b. Gute Möglichkeit der Ergebnissicherung als Handout

c. Hohe Teilnehmerzahl möglich

d. Professionelle Visualisierung möglich

3 Beamer einsetzen

Sie haben Laptop und Beamer per Kabel verbunden und beide Geräte eingeschaltet. Dennoch erhalten Sie kein Signal am Beamer.
Zählen Sie drei mögliche Ursachen auf.

1

2.

3.

4 Visualizer einsetzen

Nennen Sie vier Argumente, die für die Verwendung eines Visualizers sprechen.

1.

2.

3.

4.

5 Handschriftlich schreiben

Formulieren Sie fünf Regeln für das Schreiben auf Whiteboard oder Tafel.

1.

2.

3.

4.

5.

6 Digitale und analoge Präsentationsmedien vergleichen

Präsentationsmedien lassen sich in zwei Gruppen unterteilen:

- *Digitale Medien*
  Laptop, Tablet in Verbindung mit einem Beamer
- *Analoge Medien*
  Visualizer, Metaplan, Flipchart, Whiteboard, Tafel

Erläutern Sie stichwortartig die wesentlichen Vorteile der beiden Gruppen.

Vorteile digitaler Medien

Vorteile analoger Medien

h. Spontane Ergänzungen

7 Präsentationsmedien wählen

Gegeben sind folgende Präsentationsmedien:

1. Laptop/Tablet am Beamer
2. Visualizer am Beamer
3. Flipchart
4. Tafel/Whiteboard
5. Metaplan
6. Plakat

Wählen Sie geeignete Medien aus, um folgende Forderungen zu erfüllen:

a. Querformatiges Layout

b. Hochformatiges Layout

c. Handschrift möglich

d. Viele Farben

e. Typografische Gestaltung

f. Viele Fotos

g. Ausstellung nach Präsentation

8 Stifte wählen

Im Präsentationsraum finden Sie zwei Stifte vor.

Geben Sie den richtigen Stift an, um auf einem

a. Flipchart zu schreiben:

b. Whiteboard zu schreiben:

c. Erklären Sie die Folge, wenn der falsche Stift auf dem Whiteboard verwendet wird.

4.1 Rhetorik

Der Begriff *Rhetorik* stammt aus dem Griechischen und bedeutet „Redekunst". Heute befasst sich die Rhetorik mit der Theorie und Praxis der verbalen Kommunikation. Die Theorie beschäftigt sich mit der Frage: Wie muss ich meine Präsentation bzw. Rede aufbauen, um das gesetzte Ziel zu erreichen? Die Praxis hingegen fragt: Wie muss ich sprechen/vortragen, um mein Ziel zu erreichen?

Kommunikationskompetenz ist in unserer Informations- und Dienstleistungsgesellschaft so wichtig, dass jede bessere Volkshochschule Kommunikations- und Rhetorikseminare anbietet, um Sie die „Kunst der Rede" zu lehren.

4.1.1 Die fünf Schritte der Rhetorik

Die klassischen fünf Arbeitsschritte zur Vorbereitung einer Rede, eines Vortrages oder einer Präsentation haben seit der Antike Gültigkeit.

Schritt 1: Stoffsammlung (inventio)
Beginnen Sie mit einer ungeordneten Stoffsammlung (Brainstorming) und tragen Sie alle Ideen, Gesichtspunkte und Inhalte zusammen, die Ihnen spontan zu Ihrem Thema einfallen. Orientieren Sie sich dabei an den journalistischen W-Fragen: Wer, was, wo, wodurch, warum, wie, wann?

Schritt 2: Gliederung (dispositio)
Gliedern Sie Ihr gefundenes Material. Strukturieren Sie Ihren Vortrag nach einem logisch zusammenhängenden Schema in Einleitung, Hauptteil und Schluss. Arbeiten Sie die Kernaussagen Ihres Vortrages heraus.

Schritt 3: Formulierung (elocutio)
In diesem Schritt bringen Sie Ihren Vortrag, Ihre Präsentation in eine Form. Die Versprachlichung und Visualisierung müssen auf Ihre Kommunikationsziele bezogen sein und der Zielgruppe entsprechen.

Schritt 4: Einprägung (memoria)
Prägen Sie sich Ihren Vortrag ein. Sie müssen ihn nicht auswendig lernen, aber Sie sollten im Wesentlichen frei sprechen können. Wir kennen alle diese unsäglichen Präsentationen, bei denen der Vortragende mit dem Rücken zum Publikum seine Folien vorliest. Erst durch die freie Rede, die Ergänzung der Medien mit neuen Inhalten wird Ihr Vortrag lebendig und fesselt Ihre Zuhörer.

Schritt 5: Vortrag (pronuntiatio, actio)
Jetzt kommt der große Moment, an dem es sich zeigt, ob sich die Vorarbeit gelohnt hat. Sie werden sehen, dass sie sich gelohnt hat. Sie sind gut vorbereitet und vom Inhalt Ihrer Präsentation überzeugt. Unterstützen Sie die positive Wirkung Ihres Vortrages durch angemessene Mimik und Gestik, halten Sie Blickkontakt.

4.1.2 Grundsätzlicher Aufbau

Ein Vortrag oder eine Präsentation gliedert sich in vier Teile. Nach der persönlichen Kontaktaufnahme mit dem Publikum folgen die aus dem Schulaufsatz bekannten Gliederungsteile Einleitung, Hauptteil und Schluss.

Begrüßung und Vorstellung
Nachdem Sie Ihr Publikum begrüßt haben, stellen Sie sich kurz vor. Nennen Sie Ihr Thema und erläutern kurz dessen Bedeutung für Ihr Publikum.

Einleitung
Eine gelungene Einleitung ist der Schlüssel zum Erfolg Ihres Vortrages. Sie ziehen die Zuhörer in Ihren Bann

P. Bühler et al., *Präsentation*, Bibliothek der Mediengestaltung,
https://doi.org/10.1007/978-3-662-55516-3_4

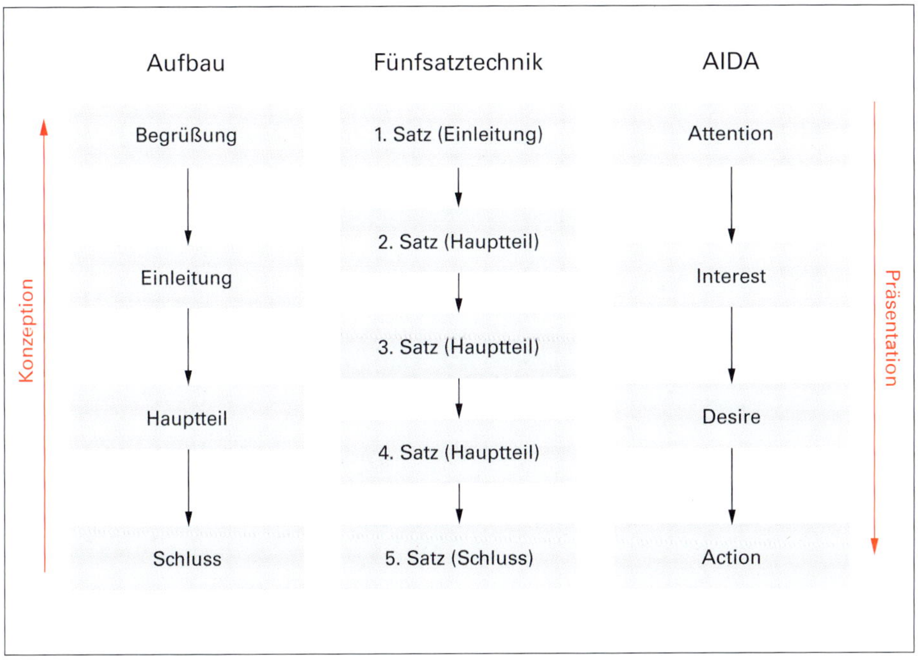

Rhetorik einer Präsentation

Bei der Konzeption wird vom Ziel aus rückwärts vorgegangen, um Argumente zu finden, die zu diesem Ziel führen.

und begeistern Sie für das Thema. Stellen Sie die Agenda und das Ziel Ihres Vortrages vor. Machen Sie Ihr Publikum neugierig.

Hauptteil
Im Hauptteil präsentieren Sie die Inhalte. Für die Zuhörer muss die Struktur, der berühmte rote Faden, immer erkennbar sein. Dies erreichen Sie, indem Sie sich einer der im nächsten Abschnitt beschriebenen Argumentationstechniken bedienen.

Schluss
Der Schluss eines Vortrages muss ebenso gut wie die ersten Teile vorbereitet sein. Hier schließt sich der Kreis. Sie fassen die Kernaussagen zusammen, ziehen ein Resümee oder enden mit einem feurigen Appell. Bei Bedarf können Sie Ihr Publikum zur Diskussion einladen und noch offene Fragen klären. Beenden Sie Ihren Vortrag mit einem Dank an Ihre Zuhörer und einem Abschiedsgruß.

4.1.3 Argumentationstechniken

In diesem Abschnitt beschäftigen wir uns mit der Technik zum Aufbau eines Argumentationsgerüstes einer Rede. Sie geben damit Ihrem Publikum den berühmten roten Faden zur Orientierung. Planen Sie Ihre Argumentation immer vom Ende her. Sie kennen das Ziel und konzipieren dann die Schritte zum Ziel.

Fünfsatztechnik
Einleitung – 1. Satz
Beginnen Sie mit einer zielgerichteten, das Thema der Präsentation darstellenden Einleitung. Ihr Publikum muss neugierig auf den weiteren Vortrag werden.

- Die Ergebnisse unserer Arbeit der letzten ...
- Es wird immer wichtiger, dass ...
- Wir müssen etwas tun für ...
- Stelle ich neue Aspekte ...
  ...

Hauptteil – 2. bis 4. Satz
Sie entwickeln Ihren Gedankenweg logisch in drei argumentativen Schritten. Je nach Modell ergeben sich verschiedene Argumentationsverläufe. Unterschieden werden Kettenmodell und dialektisches Modell:

- Kettenmodell
  Zurzeit ist ...
  Dies hat folgende Ursachen ...
  Wir können mit folgenden Maßnahmen ...
- Dialektisches Modell
  Einerseits ergibt sich ...
  Andererseits müssen wir aber auch berücksichtigen ...
  Nach der Bewertung beider Argumente liegt die Lösung ...

Schluss – 5. Satz
Schließen Sie Ihre Präsentation mit einer Kernausage, einer Schlussfolgerung oder einem Handlungsaufruf:

- Deshalb sollten wir ...
- Daraus folgt, dass ...
- Ich rufe Sie auf ...
- Möchte ich zusammenfassend ...
- ...

Variieren Sie je nach Thema und Situation die obige Struktur. Ihre Präsentationen und Vorträge werden durch den guten Aufbau zielorientiert, klar gegliedert, prägnant und dadurch erfolgreich.

AIDA
Das AIDA-Prinzip ist aus der Werbung und dem Marketing bekannt. AIDA wird aber ebenfalls in der Rhetorik als Gliederungsprinzip eines Vortrages genutzt. AIDA gliedert sich in vier Schritte:

Attention, Aufmerksamkeit
Sie gewinnen mit Ihrer Einleitung die Aufmerksamkeit Ihres Publikums

- Die neuesten Umfragewerte ...
- Ich zeige Ihnen heute ...
- Wussten Sie schon ...
- ...

Interest, Interesse
Nachdem Sie die Aufmerksamkeit Ihres Publikums gewonnen haben, vertiefen Sie die Beziehung und wecken das Interesse Ihrer Zuhörer.

- ... können auch Sie ...
- Wie können wir noch effektiver ...
- Wie haben wir ...
- ...

Desire, Verlangen
Aus dem Interesse an Ihrer Botschaft wird idealerweise das Verlangen nach der von Ihnen vorgetragenen Lösung.

- ... haben Sie den Vorteil ...
- Können Sie Ihre ... steigern ...
- ... wissen Sie, wie man ...
- ...

Action, Handeln

- Deshalb sollten Sie jetzt ...
- Machen wir ...
- Ist es notwendig, zukünftig ...
- ...

4.2 Stimme und Sprache

„Der Ton macht die Musik" – sagt ein Sprichwort. Ihre Stimme ist ebenso wie Ihre Körpersprache ein wichtiger Faktor der Kommunikation.

Nach verschiedenen Untersuchungen ist der Erfolg von Kommunikation zu ca. 40 % von der Stimme und Sprache abhängig! Sie lassen durch Ihre Stimme im Zuhörer Emotionen und innere Bilder entstehen – berühren, begeistern und überzeugen Sie ihn.

Stimme

- Sprechen Sie laut genug. Auch die Zuhörer in der letzten Reihe müssen Sie verstehen.
- Wenn Sie zur Präsentation ein Mikrofon bekommen, sollten Sie das Sprechen mit Mikrofon im Voraus testen. Ihre Stimme klingt für Sie ungewohnt und fremd, wenn Sie aus einem Lautsprecher kommt.
- Sprechen Sie nicht zu schnell. In der Aufregung besteht die Gefahr, schneller als gewöhnlich zu sprechen, um die Präsentation schnell „hinter sich zu bringen".
- Modulieren Sie Ihre Stimme. Variieren Sie Tonhöhe, Rhythmus, Lautstärke und Sprechtempo. Ihre Präsentation wird hierdurch lebendig, kurzweilig und interessant.
- Machen Sie Sprechpausen. Dies gilt insbesondere auch dann, wenn Sie die Präsentation durch ein Medium unterstützen. Das Publikum braucht Zeit, um das Gehörte und Gesehene aufzunehmen und zu verarbeiten.

Sprache

- Sprechen Sie frei. Die Notizen auf Ihren Stichwortkarten dienen dabei als Gedächtnisstütze, dürfen aber niemals ausformuliert sein. Geschriebene Sprache unterscheidet sich grundlegend von gesprochener Sprache und wirkt im Vergleich unnatürlich, steril und „hölzern".
- Sprechen Sie „Ihre" Sprache. Es macht keinen Sinn, mit aller Gewalt Ihren Dialekt vermeiden zu wollen. Andererseits darf der Dialekt nicht dazu führen, dass ein Teil des Publikums nichts versteht.
- Vermeiden Sie eine zu saloppe Umgangssprache – sie ist dem Anlass nicht angemessen.
- Versprecher sind kein Problem! Ein Versprecher kann sogar zur Auflockerung beitragen.
- Sprechen Sie die zu Ihrem Thema passende Fachsprache. Die hierzu notwendigen Fachbegriffe müssen von Ihnen beherrscht werden. Es kommt schlecht an, wenn Sie vom „Ding" sprechen, das etwas „tut". Aber: Fachbegriffe müssen Sie dann erklären, wenn es sich beim Publikum um kein Fachpublikum handelt.
- Sprechen Sie eine einfache, verständliche Sprache. Vermeiden Sie unnötige Fremdwörter, dies wirkt nur angeberisch.
- Beschränken Sie sich auf das Wesentliche – „schwafeln" Sie nicht und weichen Sie nicht vom Thema ab.
- Sprechen Sie eine bildhafte Sprache. Unterstützen Sie Ihre Aussagen durch einprägsame Analogien, Bilder, Metaphern, Beispiele usw.
- Lassen Sie es zu, im bestimmten Umfang auch positive Emotionen zu zeigen. Seien Sie humorvoll, dies macht Sie „menschlich". Wenn es Ihnen gelingt, das Publikum zum Lachen zu bringen, haben Sie es vermutlich schon für sich gewonnen.

4.3 Körpersprache

Die Körperhaltung, die Gestik und Mimik, Ihre Bewegung im Raum und die Blickrichtung gehören zu Ihrer Körpersprache. Neben Kleidung, Stimme und Styling ist die Körpersprache Ihr wichtigstes nonverbales Kommunikationsmittel.
Körpersprache offenbart Ihre Gedanken, Ihre Motivation und Einstellungen. Wir verstehen die Signale des Körpers intuitiv. Es ist deshalb viel schwerer in der Körpersprache zu lügen als in der Wortsprache. Die Signale der Körpersprache sind allerdings nicht eindeutig. Wir können zwar unsere Wahrnehmung schulen und damit die Körpersprache unseres Gegenübers besser verstehen, aber nicht immer bedeutet ein Kratzen am Kopf Unsicherheit und das Verschränken der Arme Verschlossenheit. Trotzdem ist das gezielte Beobachten und Wahrnehmen von Körpersignalen wichtig für das Verstehen Ihres Kommunikationspartners. Darüber hinaus können Sie durch Reflexion Ihren eigenen körperlichen Ausdruck verbessern.

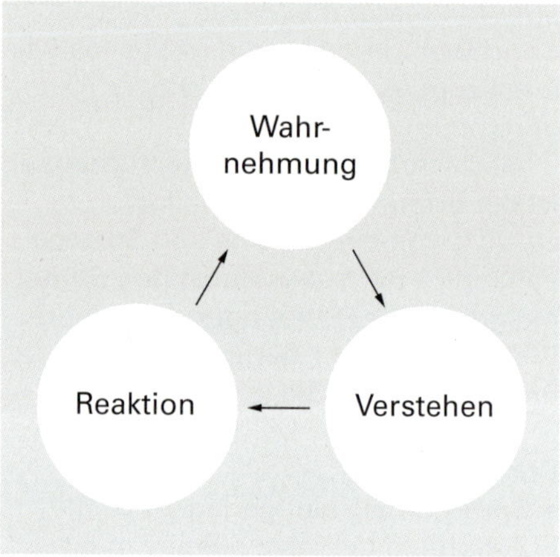

Auftritt
Ihre Präsentation beginnt mit dem Gang zum Rednerpult. Bewegen Sie sich normal, zielgerichtet, aber nicht übertrieben dynamisch. Atmen Sie ruhig und regelmäßig. Wenn Sie an Ihrem Platz angekommen sind, nehmen Sie sich die Zeit, noch einmal durchzuatmen. Warten Sie auf Ruhe, bevor Sie mit dem Sprechen beginnen.

Der sichere Stand

- Die Beine stehen hüftbreit.
- Die Knie sind nicht durchgestreckt.
- Der Rücken ist gerade – kein Hohlkreuz.
- Die Hände sind locker neben dem Körper.
- Die Schultern sind nicht nach oben gezogen.

Standbein und Spielbein

- Das Körpergewicht ruht auf einem Bein.
- Standbein und Spielbein wechseln sich ab, natürlich nicht in einer Pendelbewegung.
- Die Hände sind locker neben dem Körper.
- Die Schultern sind entspannt.

Stand

Finden Sie Ihren Stand. Zum sicheren Stand zu Beginn eines Vortrags stellen Sie die Beine in hüftbreitem Abstand. Belasten Sie beide Beine gleichmäßig. Sie haben dadurch guten Bodenkontakt und einen festen Stand – so leicht wirft Sie jetzt nichts um.

Während des Vortrags wirkt diese Körperhaltung aber steif und statisch. Sie können die Statik auflösen, indem Sie sich ein oder zwei Schritte bewegen, aber bitte nicht aufgeregt hin- und herlaufen. Die zweite Variante heißt „Spielbein und Standbein". Sie belasten das Standbein mit mehr Körpergewicht, das Spielbein wird entlastet. Wechseln Sie immer mal Spiel- und Standbein. Auch hier gilt: Bewegen Sie sich angemessen und geraten Sie nicht ins Schaukeln.

Körperhaltung

Ihre innere Haltung bestimmt Ihre Körperhaltung. Ihre äußere Haltung bestimmt Ihre innere Haltung. Probieren Sie es einmal aus: Sprechen Sie den Satz: „Mir geht es gut, ich fühle mich wohl" in verschiedenen Körperhaltungen, aufrecht, zusammengesunken, überspannt, in der Hocke ... Sie werden feststellen, dass Sie den Satz immer anders sprechen. Nur eine angenehme, gelassene und aufrechte Haltung vermittelt Ihnen und Ihren Zuhörern eine positive Botschaft.

Gestik

Mit der Bewegung Ihrer Hände und Arme unterstützen Sie Ihre Worte. Dies klappt aber nur, wenn die Gestik auch das zeigt, was Sie mit Worten gerade sagen.

Gesten oberhalb der Gürtellinie wirken meist positiv. Hängende Arme, hinter dem Körper verschränkte oder in Taschen verschwundene Hände sollten Sie vermeiden. Die beste Position Ihrer Hände ist bei leicht gebeugten Armen etwas oberhalb der Gürtellinie. Der ideale Ausgangspunkt für Gesten, die Ihre Ausführungen unterstützen.

Betrachten Sie die Fotos auf der nächsten Seite oben und probieren Sie Gesten (vor dem Spiegel) selbst aus.

Unterspannte Körperhaltung

- gleichgültig
- bequem
- initiativlos
- schlaff

Überspannte Körperhaltung

- angespannt
- feindlich
- nervös
- ängstlich

Offene Körperhaltung

- freundlich
- aufmerksam
- souverän
- neugierig

Geschlossene Körperhaltung

- gebeugt
- misstrauisch
- zurückgezogen
- alleine

Unterspannte Körperhaltung

- geschlossen
- abwartend
- nachdenklich
- ironisch

Überspannte Körperhaltung

- offen
- positiv
- zupackend
- dynamisch

Offene Körperhaltung

- positiv
- auffordernd
- anbietend
- überzeugend

Geschlossene Körperhaltung

- dozierend
- ermahnend
- negativ
- abweisend

- skeptisch
- abweisend
- negativ
- abwartend

- offen
- freundlich
- direkt
- positiv

- unsicher
- freundlich
- zurückhaltend
- abwesend

- freundlich
- aufmerksam
- direkt
- zurückhaltend

Mimik
Die Mimik ist die Sprache Ihres Gesichts. Ihr Mienenspiel zeigt Freude, Angst, Unsicherheit, Stolz, Wut, Offenheit... Mit einem Lächeln gewinnen Sie Ihre Zuhörer.

Blickkontakt
Blicken Sie zu Beginn Ihres Vortrags in die Runde. Ihr Blick ist die beste Möglichkeit, mit Ihren Zuhörern Kontakt aufzunehmen. Halten Sie auch während des Vortrags Blickkontakt zu Ihrem Publikum. Sie signalisieren damit, dass Sie Ihr Gegenüber wahrnehmen und Interesse an ihm haben.

Abgang
Beenden Sie Ihren Vortrag bewusst. Nehmen Sie sich die Zeit, noch einmal in die Runde zu blicken, und verabschieden Sie sich damit von Ihrem Publikum. Ihre Präsentation endet mit dem Gang vom Rednerpult. Bewegen Sie sich normal, zielgerichtet, aber nicht übertrieben dynamisch. Atmen Sie ruhig und regelmäßig.

Zum Schluss
Seien Sie authentisch, versuchen Sie nicht, die Körpersprache anderer zu imitieren.

4.4 Training

4.4.1 Selbsteinschätzung – Fremdeinschätzung

Wie nehme ich mich wahr? Wie werde ich von anderen wahrgenommen?

Da wir alle nicht „aus unserer Haut schlüpfen" können, ist die Beantwortung dieser Fragen nicht einfach. Zwischen der eigenen Wahrnehmung und dem, wie andere uns wahrnehmen, können große Unterschiede sein. Eine Präsentation kann misslingen, ohne dass uns der Grund hierfür klar ist. Auch der umgekehrte Fall ist denkbar: Die Präsentation ist ein Erfolg, und es ist uns eigentlich gar nicht so richtig klar, weshalb dies so ist.

Sich selbst einschätzen zu lernen ist Übungssache! Als Hilfe kann hierfür ein Netzdiagramm dienen, das im Anschluss an die (Probe-)Präsentation ausgefüllt wird: Schätzen Sie für jedes der neun Merkmale Ihre eigenen Fähigkeiten auf einer Skala von 1 (miserabel) bis 10 (optimal) ein.

Zur Fremdeinschätzung sollten Sie einen oder mehrere Zuhörer bitten, das Diagramm ebenfalls auszufüllen. Durch Vergleich der Linien lässt sich sehr schnell erkennen, wo Sie mit Ihrer Selbsteinschätzung richtig liegen, und bei welchen Merkmalen Sie besser oder schlechter eingeschätzt wurden.

In einem Feedbackgespräch sollten Sie nun nach den Gründen suchen, weshalb es zu den unterschiedlichen Ergebnissen gekommen ist.

Eine weitere Hilfe, sich selbst besser kennen und einschätzen zu lernen, ist die Videoaufnahme und -analyse.

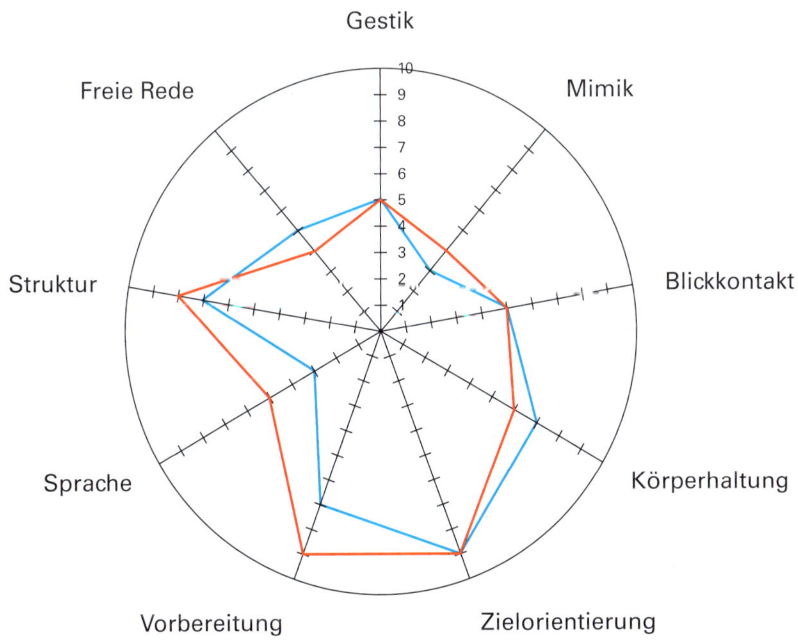

rote Linie: Selbsteinschätzung (Beispiel)
blaue Linie: Fremdeinschätzung (Beispiel)

4.4.2 Zeitgefühl

Mit zu den schwierigsten Aufgaben bei Präsentationen gehört es, ein Gefühl für die Zeit zu bekommen. Häufig ist der Zeitrahmen vorgegeben, so dass Sie weder viel zu früh fertig sein noch überziehen sollten. Beides wirkt sich negativ aus.

Wie gelingt es, schon bei der Vorbereitung abzuschätzen, ob die Präsentation im Zeitrahmen bleibt, kürzer oder gar länger dauern wird? Um ein Zeitgefühl zu entwickeln, empfehlen wir folgende Übungen:

- Lesen Sie einen Text leise durch und stoppen Sie die benötigte Zeit.
- Schätzen Sie nun die Zeit, die Sie für lautes Lesen brauchen würden. Lesen Sie den Text nun laut und stoppen Sie die Zeit. Vergleichen Sie Ihre Vorgabe mit der benötigten Zeit.
- Schätzen Sie nun die Zeit ab, die Sie für einen freien Vortrag des Textes brauchen. Tragen Sie den Text nun frei vor und vergleichen Sie die Zeiten.
- Nehmen Sie sich vor, den Text in einer bestimmten Zeitdauer, z. B. drei Minuten, vorzutragen.

Wenn Sie diese Übungen regelmäßig durchführen, werden Sie nach und nach ein gutes Zeitgefühl entwickeln. Bedenken Sie, dass Sie bei der eigentlichen Präsentation aus Aufregung vermutlich eher etwas schneller sprechen. Planen Sie auch immer etwas Zeit für Rückfragen oder eine Diskussion ein.

4.4.3 Lampenfieber

Jeder kennt Lampenfieber – jeder hat Lampenfieber! Es ist völlig normal, vor einer Präsentation, einem Vortrag oder dem Halten eines Referates aufgeregt zu sein. Die Hände sind feucht, der Atem geht schneller, der berühmte „Kloß im Hals"...

Lampenfieber wird durch unser Gehirn ausgelöst. Es bewirkt, dass die Nebennierenrinde *Adrenalin* und *Noradrenalin* produziert. Dies ist die natürliche Reaktion unseres Körpers auf Stress.

Tipps gegen Lampenfieber

- Bereiten Sie sich gut vor.
- Üben Sie.
- Schlafen Sie ausreichend.
- Trinken Sie keinen Alkohol.
- Nehmen Sie keine Beruhigungsmittel.
- Vermeiden Sie Zeitdruck.
- Machen Sie sich ausführlich mit den Räumlichkeiten und der technischen Ausstattung vertraut.
- Achten Sie auf angemessene und bequeme Kleidung.
- Überprüfen Sie Ihr Styling.
- Fühlen Sie sich wohl.
- Bewegen Sie sich vor Ihrem Auftritt.
- Machen Sie Entspannungsübungen.
- Treten Sie bewusst auf.
- Nehmen Sie Blickkontakt mit Ihrem Publikum auf.
- Atmen Sie tief und ruhig.
- Andere haben auch Lampenfieber.
- Sie dürfen Fehler machen.
- Verknüpfen Sie Ihre Präsentation mit positiven Situationen.
- Ihre Zuhörer sind Ihnen wohlgesonnen.
- Seien Sie Sie selbst!

Es gibt viele Tipps und Tricks, mit Lampenfieber positiv umzugehen, Sie müssen Ihre eigene Methode finden. Suchen Sie sich aus den Tipps in der Tabelle oben diejenigen aus, die Sie ansprechen, probieren Sie sie aus, üben Sie die verschiedenen Methoden.

4.5 Bewertung

Die Bewertung von Präsentationen ist nicht nur Lehrkräften vorbehalten. Um Präsentationskompetenz zu erwerben, ist es nicht nur notwendig, bewertet zu werden, sondern auch Präsentationen zu beobachten und zu bewerten. Als Zuschauer können Sie viel über das Präsentieren lernen und schließlich bei eigenen Präsentationen anwenden.

Die Bewertungsbögen auf dieser und den nächsten Seiten können Sie als Kopiervorlage verwenden. Alternativ können Sie natürlich auch einen eigenen Bewertungsbogen entwickeln.

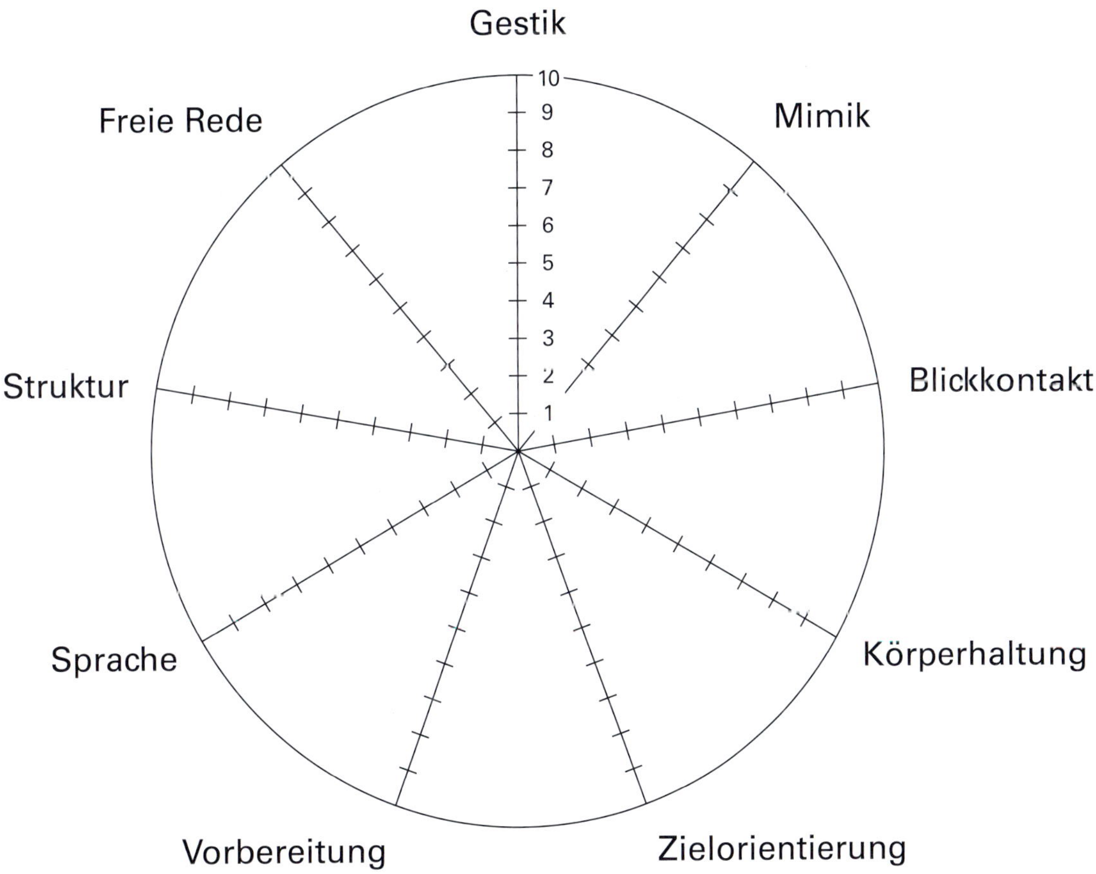

(10: perfekt ... 1: miserabel)

Kriterien	--	-	0	+	++	Notizen
Fachlich fundiert	☐	☐	☐	☐	☐	
Inhaltliche Schwierigkeit	☐	☐	☐	☐	☐	
Sachlogisch gegliedert	☐	☐	☐	☐	☐	
Schwerpunkte gebildet	☐	☐	☐	☐	☐	
Spannungsbogen	☐	☐	☐	☐	☐	
Orientierung für das Publikum	☐	☐	☐	☐	☐	
Verständliche Sprache	☐	☐	☐	☐	☐	
Lebendige Sprache	☐	☐	☐	☐	☐	
Frei gesprochen	☐	☐	☐	☐	☐	
Bewusste Mimik und Gestik	☐	☐	☐	☐	☐	
Offene Körperhaltung	☐	☐	☐	☐	☐	
Blickkontakt	☐	☐	☐	☐	☐	
Publikum einbezogen	☐	☐	☐	☐	☐	
Ansprechende Visualisierung	☐	☐	☐	☐	☐	
Kompetenter Medieneinsatz	☐	☐	☐	☐	☐	
Teilnehmerunterlagen	☐	☐	☐	☐	☐	
Diskussion, Fragen	☐	☐	☐	☐	☐	

Gesamteindruck

Kriterien	%	Stärken	1 2 3 4 5 6	Mängel
Inhalt		Inhalte richtig, vollständig, gute Gewichtung der Inhalte		Sachlich falsch, unvollständig, keine Trennung von wichtig und unwichtig
	50		☐ ☐ ☐ ☐ ☐ ☐	
Struktur		Klare Struktur, Darstellung korrekt und hilfreich, Leitfaden für Publikum nachvollziehbar		Nicht erkennbare Struktur, nicht nachvollziehbare oder falsche Reihenfolge
Sprache		Verständlich, klar in Wortwahl und Ausdruck, guter Satzbau, Lautstärke, Betonung, variable Intonation, Pausen, gutes Sprechtempo		Unverständlich, unsicher, zu leise, zu schnell, zu langsam, zu monoton
Blickkontakt	25	Kontakt zu Publikum hergestellt, Blickkontakt während freier Sprache	☐ ☐ ☐ ☐ ☐ ☐	Kein Blickkontakt, liest von Vorlage ab
Gestik, Mimik, Haltung		Positiv, freundlich, authentisch, routiniert, offen, locker		Verschlossen, abgewandt, übertrieben, angespannt, überzeichnet
Visualisierung, Medieneinsatz	20	Aussagekräftig, übersichtlich, hohe Lesbarkeit, klare Struktur, eindrucksvolle Gestaltung	☐ ☐ ☐ ☐ ☐ ☐	Keine Anschauungsmittel, unleserlich, falsche Darstellung und Medienwahl, keine Struktur
Kreativität	5	Tolle Ideen, kreative Darstellung, Gags, gelungene Ansprache des Publikums	☐ ☐ ☐ ☐ ☐ ☐	Zuhörerinteresse gering, keine Überraschungsmomente, fantasielos, langweilig

Endnote

Beispiel: $(50 \cdot 2 + 25 \cdot 3 + 20 \cdot 2{,}5 + 5 \cdot 4)/100 = 2{,}45 \approx 2{,}5$ (Endnote)

4.6 Aufgaben

1 Rhetorische Schritte kennen

Zählen Sie die fünf Schritte der Rhetorik zur Vorbereitung einer Rede auf.

1.

2.

3.

4.

5.

2 Argumentationstechniken kennen

Erläutern Sie die Vorgehensweise zur Gliederung eines Vortrages mittels
a. Fünfsatztechnik

1. Satz:

2. bis 4. Satz:

5. Satz:

b. AIDA

A...

I...

D...

A...

3 Stimme und Sprache beachten

Formulieren Sie fünf Regeln zu Stimme und Sprache.

1.

2.

3.

4.

5.

4 Körpersprache gezielt einsetzen

Was würde Sie an der Körpersprache eines Präsentierenden besonders stören? Formulieren Sie fünf Aussagen.

1.

2.

3.

4.

5.

5 Selbsteinschätzung üben

Schätzen Sie sich mit Hilfe des Netzdiagramms auf Seite 91 selbst ein. Wo sehen Sie Ihre Stärken, wo Ihre Schwächen?

6 Zeitgefühl erwerben

Führen Sie die unten beschriebenen Übungen durch. Schätzen Sie im Voraus die erforderliche Zeit ab und stoppen Sie die tatsächlich benötigte Zeit.

- Lesen Sie einen Text leise durch.
- Lesen Sie den Text laut vor.
- Tragen Sie den Text frei vor.
- Nehmen Sie sich vor, eine bestimmte Zeit, z. B. drei Minuten, frei vorzutragen.

7 Lampenfieber bekämpfen

Notieren Sie Ihre Maßnahmen gegen Lampenfieber:

Gegen mein Lampenfieber hilft mir:

1.

2.

3.

...

5.1 Lösungen

5.1.1 Konzeption

1 Präsentation von Rede unterscheiden

a. Eine Präsentation wird, im Unterschied zur Rede, durch geeignete Medien visuell oder audiovisuell unterstützt. Der Zuhörer wird immer auch zum Zuschauer.
b. Durch die Kombination von Hören und Sehen steigt die Behaltensquote von Information deutlich an.
c. Visualisieren heißt, mit Hilfe geeigneter (visueller) Medien zu veranschaulichen.

2 Kommunikationsmodell von Shannon/Weaver kennen

- störende Umgebungsgeräusche
- schlechte Lesbarkeit der Folien
- Unruhe im Publikum
- zu leise oder undeutliche Aussprache
- unverständliche Fachsprache

3 Kommunikationsmodell von Schulz von Thun kennen

Lösungsvorschlag – andere Antworten sind denkbar.

a. „Die Suppe schmeckt heute würzig."
Gemeint ist: Die Suppe schmeckt heute besonders gut.
Verstanden wird: Die Suppe schmeckt nicht.
b. „Deine Haare waren früher länger."
Gemeint ist: Mir fällt auf, dass du beim Frisör warst. (Ich beachte dich.)
Verstanden wird: Die kurzen Haare gefallen nicht.
c. „Du hast sehr genau gearbeitet."
Gemeint ist: Toll gemacht.
Verstanden wird: Ich war zu genau/zu langsam.

4 Kommunikationsmodell von Watzlawick kennen

Neben verbaler gibt es nonverbale Kommunikation, z. B. Mimik, Gestik.

5 Präsentation vorbereiten

7	Stichwortkarten schreiben
1	Ziel definieren
6	Stoff auswählen, verdichten
2	Arbeitsplan aufstellen
3	Brainstorming durchführen
4	Stoff recherchieren, sammeln
5	Stoff erarbeiten

6 Behaltensquote kennen

Ordnen Sie die Tätigkeiten von der niedrigsten zur höchsten Behaltensquote.

6	Selbst anwenden
4	Hören und sehen
1	Lesen
2	Hören
3	Sehen
5	Selbst wiederholen

7 Präsentation medial unterstützen

- Gegenstände mitbringen
- Experiment vorführen
- Auf Flipchart schreiben/zeichnen

P. Bühler et al., *Präsentation*, Bibliothek der Mediengestaltung,
https://doi.org/10.1007/978-3-662-55516-3

8 Stichwortkarten schreiben

Praktische Aufgabe ohne Musterlösung

5.1.2 Design

1 Goldenen Schnitt anwenden

a. 1.920 · 5/8 = 1.200 px
b. 1.080 · 5/8 = 675 px
c. 1.200 / 120 = 10 (Kästchen)
   675 / 120 = 5,6 (Kästchen)

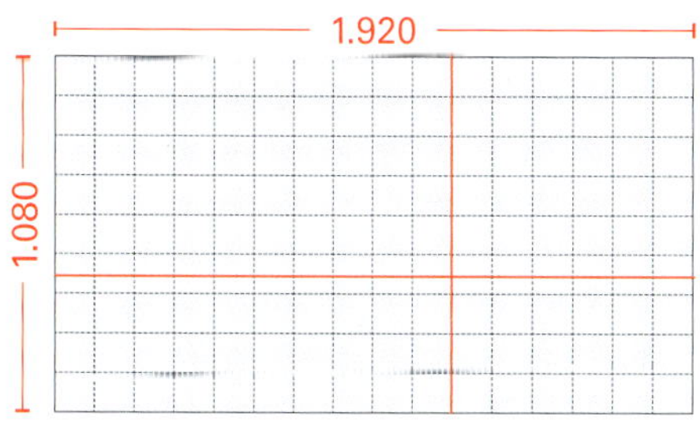

2 Weißraum verwenden

a. Weiße oder einfarbige Flächen
b. Weißraum verbessert die Wahrnehmung des Inhalts einer Folie.

3 Bildmotive beurteilen

Vorschlag B:
Motiv A könnte auch Vertrag oder Begrüßung sein, Motiv B veranschaulicht den Teamgedanken besser.

4 Bildmetaphern finden

a. Abstimmung
   - Wahlurne
   - Erhobene Hand
   - Balkenwaage
b. Projektbeginn
   - Startschuss (Pistole)
   - Startblöcke
   - Flugzeug beim Start
c. Unterstützung/Hilfe
   - Erste-Hilfe-Koffer
   - Ausgestreckte Hand
   - Rettungsring

5 Bildparameter kennen

a. 1280 x 960 px
b. Bild darf nicht vergrößert werden, Datenmenge sollte nicht unnötig groß sein.
c. PNG ermöglicht freigestellte Bilder (ohne Hintergrund), JPG nicht.

6 Lizenzmodelle kennen

a. Ungeschränkte Verwendung zulässig
b. Verwendung erfordert
   - Namensnennung
   - gleiche Bedingung (also Weitergabe unter BY-SA)
c. Verwendung, aber
   - Namensnennung
   - nichtkommerziell
   - keine Bearbeitung/Veränderung

7 Pixel- von Vektorgrafik unterscheiden

a. Vektorgrafiken können skaliert (verkleinert/vergrößert) werden.
b. SVG

8 Diagrammarten unterscheiden

a. 2 (oder 1)
b. 1
c. 3
d. 1
e. 3

9 Skizzieren üben

Praktische Aufgabe ohne Musterlösung

10 Schriftgröße bestimmen

a. Raumgröße
Breite der Projektionsfläche
b. 6 · 12/2,5
≈ 29 pt

11 Polaritätsprofil erstellen

Individuelle Lösung

12 Schriften wählen

a. Schriften, die mit dem Betriebssystem installiert werden.
b. Präsentationssoftware kann keine Schriften einbinden.
c. – mit einem PDF präsentieren
– Schrift nachinstallieren
– Schrift als Grafik speichern

13 Farbe gezielt einsetzen

- Farbe führt das Auge.
- Farbe schafft Kontraste zwischen Vorder- und Hintergrund.
- Farbe schafft Assoziationen und Emotionen.
- Farbe sorgt für Wiedererkennung.
- Farbe wird als schön empfunden.

14 Farbharmonien finden

a. z.B. 1–5, 4–6
b. z.B. 8–7, 2–3
c. 1–7, 4–8
d. Komplementärkonstraste strengen das Auge an, können zum Flimmereffekt führen.

15 Farbkonstraste kennen

Praktische Aufgabe ohne Musterlösung

16 Animationen sinnvoll einsetzen

- Komplexe Grafiken als Gesamtbild verwirren und lenken die Zuschauer ab.
- Die Grafik kann parallel zu ihrer Entstehung erklärt werden.
- Die Zuschauer wissen, worum es zum aktuellen Zeitpunkt geht.

17 Videotechnik kennen

- Externen Player verwenden
- Videoformat konvertieren
- (Videocodec auf Rechner installieren)

18 Videofilmen

- Stativ verwenden
- Zoomen vermeiden
- Schnelles Schwenken vermeiden
- Mehrere Einstellungen (Totale, Halbtotale, Nahaufname, Detailaufnahme) filmen
- Kamera in Augenhöhe beim Filmen von Menschen
- Umgebungsgeräusche minimieren
- Ausreichend beleuchten, harte Schatten vermeiden

5.1.3 Medien

1 Präsentationsmedien wählen

a. Laptop, Tablet, Visualizer (jeweils mit Beamer)
b. Visualizer, Metaplan, Flipchart, Tafel, Whiteboard
c. Laptop, Tablet, Visualizer, Plakat
d. Laptop, Tablet, Visualizer
e. Visualizer, Metaplan, Flipchart, Tafel, Whiteboard
f. Flipchart, Plakat, Laptop, Tablet (falls Beamer im Raum vorhanden)

2 Präsentationsmedien beurteilen

a. 3 – 1 – 2 – 4 – 5
b. 5 – 4 – 2 – 3 – 1
c. 5 – 4 – 1 – 3 – 2
d. 5 – 4 – 2 – 3 – 1

3 Beamer einsetzen

- Kabel ist nicht richtig eingesteckt.
- Kabel ist defekt.
- Grafikausgabe nicht auf „Duplizieren" gestellt.
- Am Beamer ist die falsche Signalquelle eingestellt.

4 Visualizer einsetzen

- Vorbereitung am Computer möglich
- Spontane Ergänzungen sind möglich.
- Einbeziehung des Publikums ist möglich.
- Auch bei großem Publikum verwendbar (Zoomfunktion)
- Modernes, zeitgemäßes Medium
- Einfaches Handout durch Kopieren
- Kamera ermöglicht auch die Präsentation von Objekten, z. B. Buch.

5 Handschriftlich schreiben

- In Druckschrift schreiben
- Groß- und Kleinbuchstaben verwenden
- Schriftgröße an Raumgröße anpassen
- Farben zur Benutzerführung gezielt einsetzen
- Tafelbild vorbereiten
- Schreiben im Vorfeld üben
- Raster verwenden

6 Digitale und analoge Präsentationsmedien vergleichen

Vorteile digitaler Medien:
- Professionelle Gestaltung möglich
- Handout möglich
- Großes Publikum möglich (bei entsprechender Projektionsfläche)
- Multimediale Möglichkeiten (Sound, Video, Animationen)
- Wiederholung der Präsentation problemlos möglich

Vorteile analoger Medien:
- Persönlicher, individueller Charakter
- Sehr eindrucksvoll bei guten grafischen Fähigkeiten
- Spontane Abweichungen möglich
- Publikum kann ideal einbezogen werden.

7 Präsentationsmedien wählen

a. 1, 2, 4, 6
b. 2, 3, 5, 6
c. 2, 3, 4, 5, 6
d. 1, 2
e. 1, 2, 3, 6
f. 1, 2, 6
g. 5, 6
h. 2, 3, 4, 5, 6

8 Stifte wählen

a. Permanent Marker (z. B. von Edding)
b. Boardmarker (z. B. von Legamaster)
c. Wasserunlösliche Stifte (Permanent Marker) können nur mit Lösungsmittel abgewischt werden. Die Oberfläche des Whiteboards wird hierdurch beschädigt.

5.1.4 Präsentieren

1 Rhetorische Schritte kennen

- Stoffsammlung
- Gliederung
- Formulierung
- Einprägung
- Vortrag

2 Argumentationstechniken kennen

a. *1. Satz:*
Einleitung, Hinführung, Thema
2. – 4. Satz:
Hauptteil mit Argumentationskette in drei Schritten
5. Satz:
Zusammenfassung, Fazit, Schlussfolgerung

b. *Attention:* Aufmerksamkeit gewinnen
Interest: Interesse wecken
Desire: Wunsch, Verlangen erzeugen
Action: Handeln auslösen

3 Stimme und Sprache beachten

- Laut sprechen
- Nicht zu schnell sprechen
- Stimme modulieren
- Sprechpausen machen
- Frei sprechen
- Leichter Dialekt stört nicht
- Verständliche Sprache sprechen
- Bildhafte Sprache sprechen
- Emotionen zulassen
- Fachsprache sprechen

4 Körpersprache gezielt einsetzen

- Hände in Hosentasche
- Nervöses Auf- und Abgehen
- Blick zur Leinwand
- Versteinerte Miene ohne Emotionen
- Auffälliges „Kaugummikauen"
- An Wand/Tür anlehnen

...

5 Selbsteinschätzung üben

Individuelle Lösung

6 Zeitgefühl erwerben

Individuelle Lösung

7 Lampenfieber bekämpfen

Individuelle Lösung

5.2 Links und Literatur

Links

Weitere Informationen zur Bibliothek der Mediengestaltung:
www.bi-me.de

Bildarchive
https://pixabay.com/de/
https://unsplash.com
https://www.pexels.com/de/
https://svgsilh.com/de/

CC-Lizenzierung
https://creativecommons.org/choose/

Office 365
https://www.microsoft.com/de-de/education/products/office/

Videotools
https://www.anvsoft.de/any-video-converter-free.php
http://www.videolan.org/vlc/
https://filmora.wondershare.com/de/

Literatur

Joachim Böhringer et al.
Kompendium der Mediengestaltung
IV. Medienproduktion Digital
Springer Vieweg 2014
ISBN 978-3642545825

Peter Bühler et al.
AV-Medien: Filmgestaltung – Audiotechnik – Videotechnik (Bibliothek der Mediengestaltung)
Springer Vieweg 2018
ISBN 978-3662546048

Peter Bühler et al.
Digitales Bild: Bildgestaltung – Bildbearbeitung – Bildtechnik (Bibliothek der Mediengestaltung)
Springer Vieweg 2017
ISBN 978-366253892

Peter Bühler et al.
Typografie: Schrifttechnologie – Typografische Gestaltung – Lesbarkeit (Bibliothek der Mediengestaltung)
Springer Vieweg 2017
ISBN 978-3662539118

Peter Bühler, Patrick Schlaich
Präsentieren in Schule, Studium und Beruf, 2. Auflage
Springer-Verlag 2013
ISBN 978-3642379413

Garr Reynolds
Zen oder die Kunst der Präsentation
dpunkt.verlag 2013
ISBN 978-3864901171

Paul Watzlawick et al.
Menschliche Kommunikation
Hans Huber 2003
ISBN 978-3456834573

5.3 Abbildungen

S3, 1: Autoren
S5, 1: https://www.schulz-von-thun.de / die-modelle/das-kommunikationsquadrat #&gid=1&pid=1 (Zugriff: 23.08.2018)
S7, 1: Autoren
S8, 1: Autoren
S9, 1: Autoren
S11, 1: Autoren
S15, 1–6: Autoren
S16, 1a, b: Autoren, Foto: www.sxc.hu – Image ID: 1387895 und 1396032 (Zugriff: 10.03.2013)
S16, 2a, b: Autoren, Foto: www.sxc.hu – Image ID: 1404701 und 1396235 (Zugriff: 10.03.2013)
S17, 1a, b: Autoren
S17, 2a, b: Autoren, Foto: www.sxc.hu – Image ID: 877661 (Zugriff: 10.03.2013)
S19, 1–8: Autoren, Foto: www.sxc.hu – Image ID: 1392432 (Zugriff: 10.03.2013)
S20, 1a, b: Autoren
S21, 1, 2, 3: CC0, www.pixabay.de (Zugriff: 04.09.2018)
S23, 1: https://stm.baden-wuerttemberg.de/fileadmin/_processed_/c/f/csm_180320_LPK_02_6118c14075.jpg (Zugriff: 29.08.2018)
S24, 1: Autoren
S26, 1a, b: CC0, www.pixabay.de (Zugriff: 03.09.2018)
S27, 1 a, b: CC0, www.pixabay.de (Zugriff: 30.08.2018)
S27, 2a, b: CC0, www.pexels.com/de/ (Zugriff: 30.08.2018)
S28, 1, 2: Autoren
S30, 1, 2, 3: Autoren
S31, 1: Autoren
S32; 1–6: Autoren
S33, 1: Autoren
S35, 1a, b: Autoren, Foto: CC0, de.wikipedia.org (Zugriff: 03.09.2018)
S35, 2a, b: Autoren
S36, 1a, b: https://www.canyon.com/tools/bike-comparison/#biketype=1&bike1=4164&bike2= (Zugriff: 31.08.2018)
S37, 1: Autoren
S37, 2a, b: Autoren, Foto: www.sxc.hu – Image-ID: 759532 (Zugriff: 10.03.2013)
S38, 1a, b: Autoren, Foto: www.sxc.hu – Image-ID: 1401059 (Zugriff: 10.03.2013)
S39, 1: http://commons.wikimedia.org/wiki/File:Hamburger_Druckschrift_ab_2011.jpg (Zugriff: 10.03.2013)
S39, 2: Autoren
S40, 1: Edding (Zugriff: 10.03.2013)
S41, 1: Autoren
S42, 1a, b: Autoren, Foto: CC0, www.pixabay.de (Zugriff: 31.08.2018)
S42, 2a, b: Autoren, Grafik: PD, www.svgsilh.com (Zugriff: 01.09.2018)
S43, 1: Autoren
S43, 2a, b: Autoren, Grafik: PD, www.svgsilh.com (Zugriff: 01.09.2018)
S44, 1, 2: Autoren
S45, 2a, b: Autoren
S46, 1a, 2a: Autoren, Foto: CC0, www.pixabay.de (Zugriff: 01.09.2018)
S46, 1b, 2b: Autoren
S47, 1, 2: Autoren
S48, 1: https://commons.wikimedia.org/wiki/File:VLC_Icon.svg (Zugriff: 02.09.2018)
S63, 1: CC0, www.pixabay.de (Zugriff: 04.09.2018)
S63, 2: CC0, www.pixabay.de (Zugriff: 04.09.2018)
S68, 1: CC0, www.pixabay.de (Zugriff: 01.09.2018)
S69, 1: Autoren
S71, 1: Elmo Europe, Düsseldorf (Zugriff: 07.08.2015)
S72, 1: www.neuland.de (Zugriff: 01.10.2018)
S73, 1, 2: Autoren
S75, 1: www.legamaster.de (Zugriff: 29.09.2018)
S76, 1: www.legamaster.de (Zugriff: 29.09.2018)
S77, 1: www.legamaster.de (Zugriff: 29.09.2018)
S78, 1: Autoren
S81, 1: www.edding.de, www.legamaster.de (Zugriff: 29.09.2018)
S83, 1: Autoren
S85, 1: CC0, www.pixabay.de (Zugriff: 01.10.2018)
S86, 1, 2a–d: Autoren
S87, 1a–d: Autoren
S88, 1a–d, 2a–d: Autoren
S89, 1: Autoren
S90, 1: CC0, www.pixabay.de (Zugriff: 29.09.2018)
S91, 1: Autoren

5.4 Index

Symbole

A

B

C

D

E

F

G

H

I

J

K

L

M

Printed by Wilco bv, the Netherlands